I0100271

www.ingramcontent.com/pod-product-compliance
Lightning Source LLC
Chambersburg PA
CBHW061828260326
41914CB00005B/918
* 9 7 8 1 7 7 8 9 2 1 2 8 5 *

خدا برای شما بهترین‌ها را می‌خواهد،
شما برای خود چه می‌خواهید؟

دفتر هدف‌گذاری سالانه

نویسندگان:

فرشید پاکذات، روناک روشنگر

سریال کتاب: P2345110155
عنوان: دفتر هدف‌گذاری سالانه
نویسندگان: فرشید پاکزات، روناک روشنگر
ویراستار: ندا سلطانی، زهرا طاهرخانی
صفحه آرا: قاسمی (رها)
طراح جلد: امید آقایی
شابک ISBN: 978-1-77892-128-5
موضوع: روانشناسی، بهبودفردی
مشخصات کتاب: ۶.۶۹ - ۹.۶۱ اینچ
تعداد صفحات: ۲۱۶
تاریخ نشر در کانادا: ژانویه ۲۰۲۴

Kidsocado Publishing House
خانه انتشارات کیدزوکادو
ونکوور، کانادا

تلفن: +1 (833) 633 8654
واتس آپ: +1 (236) 333 7248
ایمیل: INFO@KIDSOCADO.COM
وبسایت انتشارات: HTTPS://KIDSOCADO.COM
وبسایت فروشگاه: HTTPS://KPHCLUB.COM

فهرست مطالب

مقدمه

یکی از خصوصیات مهم انسان‌های موفق، هدف گرایی آنهاست، و شما برای توانگر بودن و سوپرموفق شدن نیاز به داشتن برنامه ای مناسب و مدون برای ساختن یک زندگی ایده آل دارید.

توانگری و سوپرموفق بودن به این معناست که در مسیر رسیدن به اهدافتان لذت ببرید و هنگام دستیابی به هدف احساس رضایت داشته باشید و در واقع توانگری چیزی بیش از موفق بودن است.

هدف‌گذاری و برنامه‌ریزی زندگی به معنای یافتن راه و روشی اصولی و صحیح برای رفتن از جایی که در حال حاضر هستیم به جایی که می‌خواهیم برسیم می‌باشد که لازم است آن را در یک یا چند قالب ویژه به نام هدف برای زندگی در بیاوریم. البته ضروری نیست که برای استفاده از این مطالب شما هم اکنون هدف کاملاً مشخص داشته باشید، زیرا این دفتر طوری طراحی شده که اگر حتی هنوز هدفی برای خود ندارید، یاد می‌گیرید که اهداف مناسب را بر طبق قوانین اصولی و صحیح، برگزینید .

اهداف تصویر شما از آینده است و به قول آقای جیم ران دو راه برای مواجه شدن با آینده وجود دارد:

- با ترس و نگرانی
- با طراحی و پیش بینی آینده

و اکثر مردم با ترس و نگرانی با آینده مواجه می‌شوند، به دلیل این که طرحی‌اش نکردند.

هدف‌گذاری هر چقدر اصولی‌تر صورت گیرد، شانس رسیدن به هدف افزایش می‌یابد و همچنین لذت بیشتری در طی مسیر کسب خواهد شد. کسانی که طبق هدف‌گذاری صحیح درمسیر درست قرار گیرند، مشکلات و خطاهای کمتری تجربه می‌کنند.

کسی که عزم راسخ داشته باشد، جهان را مطابق میلش عوض می‌کند، زیاد مهم نیست که چه شرایط و جایگاهی دارید، اگر هدف مناسبی انتخاب کرده وعزم راسخی داشته باشید، به آرزوها و اهدافتان خواهید رسید.

تعیین هدف، روندی موثر برای فکر کردن به آینده‌ی ایده‌آل و انگیزه پیدا کردن برای رسیدن به آن، استفاده بهتر از زمان و در نهایت خلق آینده دلخواه است. با آگاهی پیدا کردن نسبت به خواسته‌هایتان، تلاشتان را به صورت مناسب متمرکز خواهید کرد، ذهن متمرکزی که در راه راست هدایت شود، از چنان نیرویی بهره مند است که می‌تواند هر خواسته ای را محقق سازد.

اگر می‌خواهید کارهای بزرگی انجام دهید، باید هدف‌های بزرگی داشته باشید، البته این جمله به معنای داشتن هدف‌های دور از دسترس و غیر واقعی نیست، بلکه به این معناست که برای تعیین اهداف وسعت نظر داشته باشید.

اهداف باید آن چنان والا باشند که شما را به حرکت درآورند، تا بتوانید نیروها و توانایی‌های واقعیتان را نشان دهید.

تعیین اهداف اساس موفقیت‌های زندگی هستند و موجب تبدیل ذهنیت به عینیت می‌گردند.

چرا دفتر هدف‌گذاری و برنامه‌ریزی؟

هم سویی برنامه‌ها و اهداف با درونتان و پیگیری مداوم و صحیح، تضمین کننده موفقیت شماست.

دفتری که روبه روی شما قرار گرفته، دفترچه تنظیم اهداف NLP می‌باشد که یک مجموعه کامل است و می‌تواند به شما کمک کند تا اهدافتان را پیدا کنید و همه آنها را محقق کنید تا به موفقیت‌های بزرگ برسید به شرطی که دقیقا آن را پله به پله انجام دهید.

احتمال موفقیت افرادی که از این روش برای رسیدن به اهدافشان استفاده می‌کنند ۱۰۰٪ است مگر در ۲ حالت که یک یا چند بند را رعایت نکنند و یا قبل از رسیدن به هدف، دار فانی را وداع گویند.

هدف در زندگی بسیار مهم است، تمام انسان‌های بی‌هدف برای انسان‌های هدف‌دار کار می‌کنند و مسیر حرکت آنها را انسان‌های هدف‌دار مشخص می‌کنند.

یک مثال قدیمی می‌گوید

برای کشتی‌های بی‌هدف بادها تصمیم می‌گیرند.

سؤال این است که حالا شما می‌خواهید جزو کدام یک از این گروه‌ها باشید؟ برای

رسیدن به موفقیت باید از عادت‌ها، ترس‌ها، افکار، باورها و اعتقادهای مخرب قدیمی که شما را به عقب می‌کشانند جدا شوید، این کار و انجام تغییرات جرات می‌خواهد، آیا شما جرات این کار را دارید؟

از دیدگاه دیگر برای لذت بردن، باید استاد تغییر بود نه قربانی تقدیر، همان‌طور که انیشتین می‌گوید: دیوانه آن کسی است که چیزی را بارها و بارها تکرار کند و انتظار چیز جدیدی داشته باشد.

اگر مدت‌هاست که کارهای تکراری انجام می‌دهید و نتایج خاصی کسب نمی‌کنید بهتر است دنبال تغییر باشید. هدفتان را پیدا کنید با قدرت و عشق به طرف آن حرکت کنید، در مسیر حرکت لذت ببرید و بیاموزید، در هنگام پیروزی مغرور و در هنگام کسب نتیجه نامطلوب خود را نبازید و همیشه گرمای حضور خدای بزرگ را در لحظه لحظه زندگی خود حس کنید.

قبل از این که تمام زمان و انرژی خود را برای یک هدف بگذارید، بهتر است اول مطمئن شوید که آن هدف دقیقا چیزی است که شما می‌خواهید.

اگر ذهن، هدف مشخصی داشته باشد، طبق فرایند سایبرنتیک روانی، بر روی هدف تمرکز می‌کند و با ارسال پیام به ضمیر ناخودآگاه‌تان به شما کمک خواهد کرد تا با تلاش صحیح و مستمر ادامه دهید تا به نتیجه مورد نظر برسید و اگر در ذهن هدف مشخصی نداشته باشد قدرت و انرژیش هدر می‌رود.

عشق به هدف لازم است، اما کافی نیست و چیزی که رسیدن شما به اهدافتان را ضمانت می‌کند، تعهد و الزام در کار است، حتی اثر پشتکار و تلاش به مراتب بیشتر از استعداد است، بنابراین چیزی که به شما کمک فراوانی می‌کند تا همواره در مسیر صحیح باشید، داشتن برنامه‌ای مدون و اصولی است، این دفتر به شما کمک می‌کند تا همواره چراغی بزرگ در مسیر موفقیت داشته باشید که راه را برای شما روشن‌تر و واضح‌تر نماید وقدم به قدم در کنار شما باشد تا به اهدافتان دست یابید.

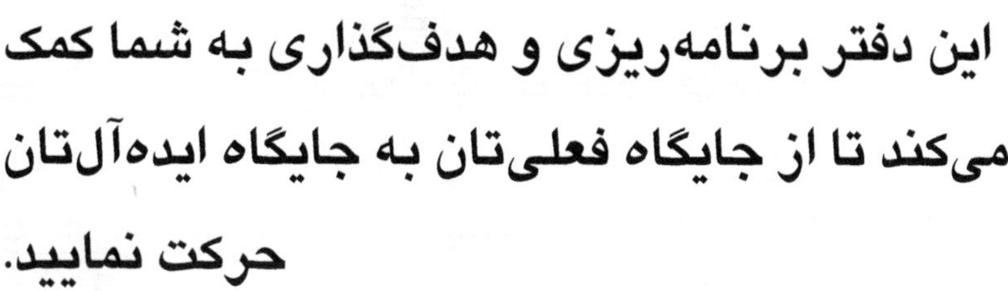

این دفتر برنامه‌ریزی و هدف‌گذاری به شما کمک می‌کند تا از جایگاه فعلی‌تان به جایگاه ایده‌آل‌تان حرکت نمایید.

گاهی میزان رشد و پیشرفت شما به صورتی خواهد بود که جایگاه کنونی‌تان را فراموش می‌کنید، بنابراین برای تشخیص میزان رشد و پیشرفت از نوشتن خصوصیات مثبت و منفی حال حاضر زندگی شروع خواهیم کرد.

شرایط حال حاضر

شرایط حال حاضرتان را با تمام خصوصیات، مشکلات و مسائل آن بنویسید. بدون این که احساسات خود را دخیل کنید، دقیقا و صادقانه بنویسید در چه شرایط اقتصادی، جسمی، اجتماعی، روحی و معنوی هستید. در این تمرین علاوه بر آنکه جایگاه حال حاضر را پیدا می‌کنید، می‌توانید بعدا میزان رشد و پیشرفت خود را بسنجید.

تمام موارد مهم مثبت و منفی را عنوان کنید.

شرایط جسمی:

....

....

....

....

....

....

....

....

شرایط اجتماعی و ارتباطات:

شرایط مالی و اقتصادی:

شرایط روحی و معنوی :

....

....

....

....

....

....

....

....

....

چرخ زندگی

روش دیگری برای بررسی شرایط زندگی و سنجش تعادل در زندگی استفاده از روش **چرخ زندگی** است.

چرخ زندگی به دایره ای که به ۸ قسمت مساوی تقسیم شده است اطلاق می‌شود که هر یک از این قسمت‌ها به بررسی یک بعد از زندگی می‌پردازد.

کار و درآمد مالی، جسم و سلامتی، تفریح و سرگرمی، عشق، خانواده، یادگیری و رشد، پرداختن به روح و معنویّت، دوستان و ارتباطات، قسمت‌های مختلف این دایره را تشکیل می‌دهند.

شما می‌توانید با امتیازدهی به هر یک از بخشهای این چرخه با توضیحاتی که ما در ادامه به شما می‌دهیم، واقعیت زندگی خود را به درستی شناخته و ترسیم کنید.

بنابراین در امتیازدهی با خودتان روراست باشید و حتی اگر جواب شما برای خودتان عجیب است و ممکن است به شما احساس گناه ببخشد، ولی به درستی و با صداقت نمره بدهید.

پس از بررسی هر بُعد از زندگیتان نمره ۰ تا ۱۰ به آن اختصاص دهید. کمترین رضایت شما از شرایط موجود و ۱۰ بالاترین سطح رضایت است. و سپس خانه‌های مربوط به آن را متناسب با نمره، نقطه‌گذاری می‌نمایید، پس از اتصال نقطه‌ها به هم چرخ زندگی خود را به دست خواهید آورد.

دو نکته مهم در این چرخه که باید سعی شود در طول زمان بررسی

گردد:

۱. داشتن تعادل: داشتن تناسب و هماهنگی بین بعدهای مختلف (تناسب بین قسمت‌های مختلف در زندگی هر فرد باعث متعادل شدن زندگی می‌شود)
۲. رشد در هر بعد: سعی کنید در هر بازبینی از چرخه که صورت می‌گیرد امتیاز و نمره ابعاد زندگی شما نسبت به سری قبل بهبود پیدا کرده باشد.

در زندگی عادی انتظار داشتن، نمره ۱۰ در تمامی حوزه‌ها غیر واقعی خواهد بود. در زندگی واقعی به صورت ناخودگاه، گاهی زمان و انرژی زیادی، صرف پرداختن به یکی از ابعاد می‌گردد و از بعدهای دیگر زندگی غافل می‌شویم. برای داشتن تناسب در چرخه زندگی گاهی لازم است به صورت آگاهانه برای مدتی معیّن روی بعد خاصی متمرکز شد.

با تمرکز روی آنچه خواهانش هستید، اختیار زندگی خود را به دست گیرید و منتظر معجزه و اتفاقات عجیب و غریب نمانید. در مجموع باید سعی کنید ابتدا بین قسمت‌های مختلف تناسب ایجاد کنید و هر سال امتیازهای هر بعد را بهبود ببخشید تا به سمت کامل کردن چرخه زندگی پیش روید.

هر شش ماه یک بار بهتر است، چرخه را بررسی نمایید و بر مبنای نمره ای که در هر بعد می‌گیرید، هدف گذاری‌ها را تصحیح و متعادل کنید.

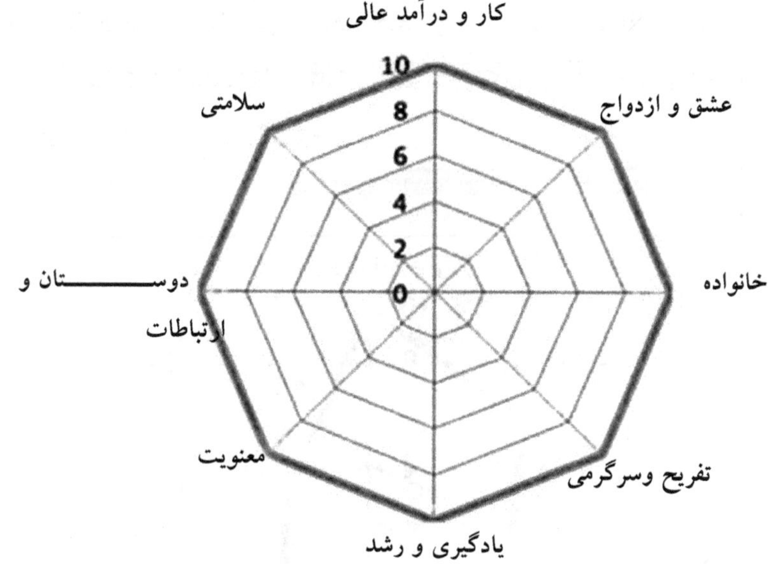

عکس ۱

روش انجام کار:

۱. بر روی خطوطی که به عنوان هر بعد ترسیم شده، شما باید با توجه به وضعیت حال حاضرتان، صادقانه از صفر(بدترین حالت) تا ده(بهترین حالت) نمره دهید و نقاط مربوطه را روی خطوط مشخص نمایید.

۲. بعد از این که تمام ابعاد را به وسیله نقاط مشخص نمودید، حالا تمام نقاط را به وسیله خط‌هایی به یکدیگر وصل کنید

۳. حال به شکلی که در نهایت حاصل گردید نگاه کنید، آیا چرخ زندگیتان به صورت متعادل، دایره‌ای و چرخ است (عکس ۱) یا شکل‌های نامتقارن دارد (عکس۲)؟

ممکن است به بخش‌هایی بیشتر پرداخته باشید و بخش‌هایی را اصلا کار نکرده یا کمتر به آن پرداخته‌اید، در هر صورت زمانی شما رضایت بیشتری از زندگی دارید که شکل این چرخه متعادل باشد.

برای رساندن بـه تعـادل، در هـدف گـذاری، در کنـار اهـداف خودتـان، اهـداف جدیدی نیز پیدا کنید که مرتبط با ابعادی باشد که کمترین امتیاز را داشتند. به عنـوان مثال، چرخه زیر از تعادل خارج گشته است.

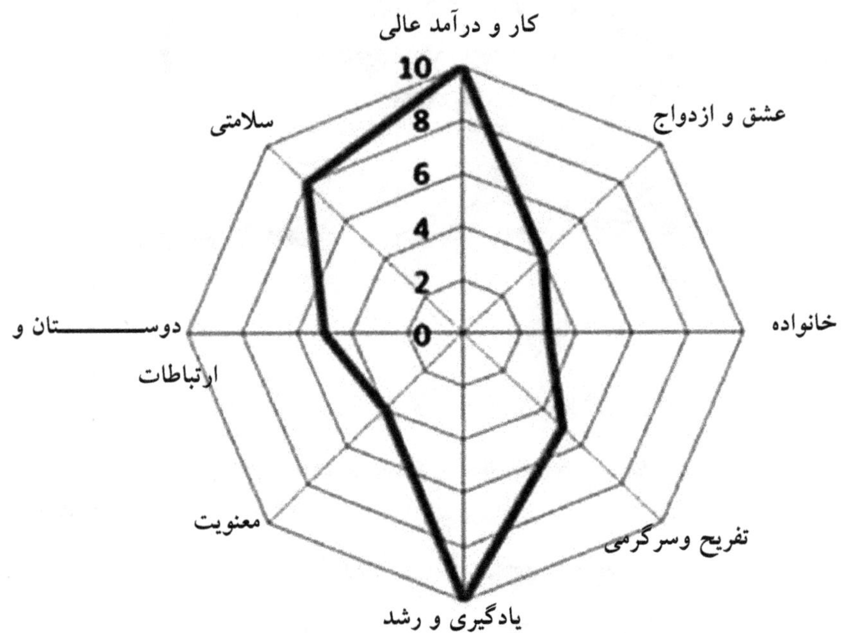

عکس ۲

روش‌های متفاوت برای تعیین اهداف

شاید شما جزو افرادی باشید که هدف خود را تعیین کرده‌اید و یا شـاید شـما جـزو افرادی باشید که هنوز نمی‌دانید که از زندگی چه می‌خواهید. در هر صورت ما شـما را با روش‌هایی آشنا خواهیم کرد که هم بتوانید بهترین هـدف را برگزینیـد و هـم از انتخابتان مطمئن شوید. در ادامه شما را با روش‌های مختلفی آشنا می‌کنیم تـا بتوانیـد با یک یا چند روش مطلوبترین هـدف را پیـدا کنیـد. روش‌هـایی کـه در ادامـه ذکـر خواهد شد شامل ٦ روش زیر می‌باشد:

۱. پیدا کردن طرح الهی
۲. پیدا کردن استعدادها
۳. فرصت دوباره
۴. وضوح از راه تضاد
۵. روش جک کنفیلد
۶. مرور لذت

اگر تمرینات زیر را انجام دهید، قطعا در یکی از آنها هدفتان برای شما روشن می‌شود و یا با پیدا کردن نقاط اشتراک بین پاسخ‌ها می‌توانید هدف‌هایتان را پیدا کنید.

طرح الهی

این شیوه بیشتر یک شیوه‌ی معنوی است که برخی به آن اعتقاد دارند.

فلورانس اسکاول شین

جایی هست که جز تو هیچ‌کس نمی‌تواند آن را پر کند، کاری هست که جز تو هیچ‌کس قادر به انجامش نیست.

هر یک از انسان‌ها به دلیل خاصی آفریده می‌شوند، و ماموریت مشخصی برعهده دارند. طرح الهی طرحی است که برای تکامل ما و نیز تکامل بشریت، بسیار مهم و حیاتی است.

ما در زندگی خود یک هدف الهی داریم که با پیدا کردن طرح الهی و هدف‌گذاری در راستای آن، حرکت به سوی اهدافمان با سرعت بیشتر و آرامشی

خاص همراه می‌شود.

هنگامی که مسیر حرکت ما چیزی جز طرح الهی‌مان باشد، ممکن است احساس کنیم که انرژی‌مان تحلیل می‌رود، در حالی که با حرکت به سمت رسالت و طرح الهی، عمیق‌ترین رویاهایمان آشکار می‌گردد، احساس رضایت، آرامش و شادی درونی داریم و در این راه به درجات بالایی از موفقیت خواهیم رسید.

طرح الهی، زندگی هر یک از ما را طراحی کرده است. در این طرح هر کدام از ما دقیقا همان چیزی را که نیاز داریم به دست می‌آوریم تا به گونه ای منحصر به فرد خود را به دنیا ابراز کنیم.

پیدا کردن طرح الهی و احترام گذاشتن به این هدف یکی از مهمترین کارهایی است که افراد موفق انجام می‌دهند. برای این که بدانید برای چه کاری به این دنیا آمده‌اید زمان بگذارید و این کار را با اشتیاق انجام دهید.

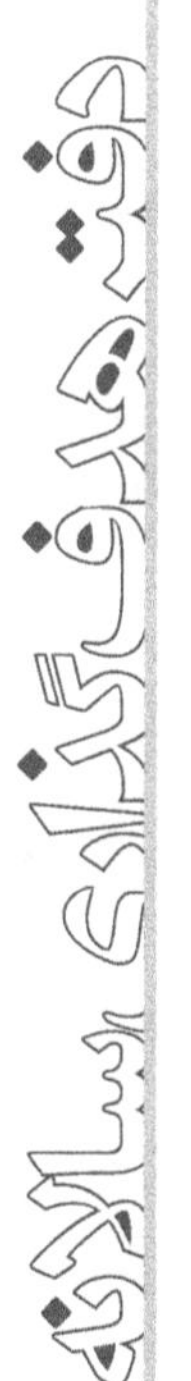

قسمتی از کتاب کیمیاگر اثر پائولو کوئیلیو در مورد افسانه شخصی

یک حقیقت بزرگ در این جهان وجود دارد : تو هر که باشی و هر چه بکنی، وقتی واقعاً چیزی را بخواهی این خواست در "روح جهان" متولد می‌شود. و این ماموریت تو در روی زمین است. تحقق افسانه شخصی تنها وظیفه انسان است. همه چیز در خدمت یک چیز است.

داستان کوتاه رسالت از پائولو کوئیلو

پادشاهی پیکی را به کشور دوری فرستاد تا پیمان صلحی را امضاء کند. پیک که می‌خواست از این سفر استفاده کند، به بعضی از دوستانش که در کشور مقصد کار مهمی داشتند، خبر داد. دوستانش از او خواستند سفرش را به تاخیر بیندازد و از آنجا که قرار بود پیمان صلحی امضا بشود، دستورهای جدیدی نوشتند و سیاست‌های کاری‌شان را عوض کردند.

وقتی پیک سرانجام به این سفر رفت، دیگر برای تحویل پیمان دیر شده بود. جنگ درگرفت و برنامه‌های پادشاه و برنامه‌های تجاری کسانی که سفر پیک را به تعویق انداختند، بر هم خورد. استاد می‌گوید: در زندگی ما فقط یک کار مهم وجود دارد: زیستن سرنوشت شخصی‌مان- رسالتی که برای ما رقم خورد. اما همیشه بارمان را با دغدغه‌های بی فایده ای سنگین می‌کنیم و این بار سنگین، رویای ما را نابود می‌کند.

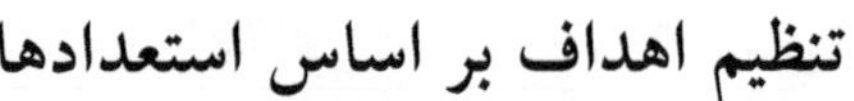

تنظیم اهداف بر اساس استعدادها

بهتر است تنظیم اهداف بر پایه استعدادهای واقعی افراد صورت گیرد. برای رسیدن به موقعیت مطلوب و رضایت از زندگی، بهتر است خود را کشف کرده و بر اساس استعدادهای ذاتی‌تان هدف را برگزینید، البته اگر هدفی مدنظر شماست که در حیطه استعدادهای شما نیست، دلیل بر نرسیدن شما به هدفتان نمی‌باشد.

اما اگر هدفی را تعیین کنید که بر پایه استعداد واقعی شما باشد، در همان قدم اول شما بسیار جلوتر از دیگران هستید. با جواب دادن به سؤالات زیر می‌توانید استعدادهای خود را پیدا کنید و معمولا استعدادها در راستای طرح الهی می‌باشند.

ممکن است طرح الهی شما از برآیند و لابه‌لای جواب‌هایتان آشکار شود، گاهی طرح الهی یک نفر به نظر بسیار ساده و برای یک نفر دیگر بسیار بزرگ باشد، مهم کاری است که باید انجام شود. شناخت دقیق علایق، توانایی‌ها و استعدادهای شخصی، اولین گام برای پیشرفت است.

لطفاً با دقت به سؤالات زیر پاسخ دهید، و هنگام پاسخ دادن تا جایی که برایتان امکان دارد، چراها را به دیگران و دنیای بیرون ربط ندهید و دلیل‌ها را از دنیای درونتان بیابید.

(به تمام جنبه‌های فیزیکی و احساسی و روانی و هوشی و مالی و ... فکر کنید.)

....

....

....

....

....

۲. از خود بپرسید که شرایط چرا این گونه است (شرایطی که در پاسخ به سؤال قبل نوشتید)؟ و چگونه می‌توانید آن را تغییر دهید؟

۳. چه چیزی می‌تواند در آینده حس خوبی به شما بدهد؟

٤. از خود بپرسید که چگونه می‌توانید به این جایگاه برسید (منظور جواب‌هایی که در سؤال قبل دادید می‌باشد)؟

۵. در کودکی بیشتر به چه بازی‌های علاقه مند بوده‌اید؟

۶. در دوران کودکی در چه بازی‌هایی قویتر از دیگران عمل می‌کردید؟

....

....

۷. در دوران راهنمایی و یا دبیرستان چه درس‌های را بیشتر دوست داشته‌اید؟

....

....

۸. در دوران راهنمایی و یا دبیرستان از معلم چه درسی بیشتر خوشتان می‌آمد(به خاطر درسی که آموزش می‌دادند)؟

....

....

....

۹. در دوران راهنمایی و یا دبیرستان در چه درس‌های نمرات بهتری می‌گرفتید؟

....

....

....

۱۰. اطرافیان شما از دوران جوانی تا الان برای حل چه مسائل و مشکلاتی به شما مراجعه می‌کردند؟

....

....

....

۱۱. از اطرافیان دوران کودکی خود سؤال کنید شما در کودکی در چه کارهای علاقـه و استعداد داشته‌اید؟

....

....

....

۱۲. از اطرافیان خود سؤال کنید که به نظر آن‌ها استعداد شما چیست؟

....

....

....

۱۳. اگر از لحاظ مالی ۱۰۰٪ تامین بودید چه کارهای انجام می‌دادید؟

....

....

....

....

۱٤. از کدام فیلم‌ها و کارتون‌ها خوشتان می‌آید و دوست دارید جای کدام شخصیت باشید؟

....

....

....

....

۱۵. اگر به گدشته برگردید چه رشته تحصیلی را انتخاب می‌کنید؟

....

....

....

۱۶. در کودکی دوست داشتید چه کاره شوید؟

....

....

....

....

۱۷. خودتان فکر می‌کنید استعدادتان چیست؟

....

....

....

....

۱۸. در چه زمینه‌ای کمی بهتر از همیشه هستید؟

....

....

....

....

گاهی با پیدا کردن مشکلتان و یافتن راه حل برای از بین بردن آن مسئله، می‌توانید به افراد زیادی کمک کنید و شاید هدف الهی شما این باشد که فکری برای این مشکل کنید تا بدین طریق به بهبود زندگی افراد دیگر که همین مشکل را دارند کمک نمایید.

مانند گل نیلوفر آبی که در گل و لای متولد می‌شود، ما نیز باید تاریک‌ترین بخش‌های خود و دردناک‌ترین تجارب زندگی‌مان را پاس بداریم، زیرا آنها باعث می‌شوند زیباترین خویشتن ما متولد شود.

گاهی ما به گذشته درهم و برهم و آشفته نیاز داریم. اغلب ما از بخش‌های دردناک و ناخواسته زندگی‌مان رنج می‌بریم، اما بعضی افراد از این رنج‌ها برای التیام استفاده می‌کنند و به جای غرق شدن در مشکلات، از آنها برای ساخت خود بهتر و جهان بهتر استفاده می‌کنند.

هر آسیب، زخم، فقدان و آرزوهای ناکام با شادی، موفقیت و برکت ترکیب شده تا به ما خرد، بصیرت و انگیزه دهد تا بتوانیم با شکوه‌ترین خویشتن خویش را نشان دهیم. بعد از پاسخگویی به این سؤالات، تمام پاسخ‌ها را بررسی نمایید و نقاط اشتراک را پیدا کنید، در بسیاری از مواقع استعداد شما، موردی است که از میان پاسخ‌ها بیشترین تکرار را دارد و گاهی استعداد شما در راستای طرح الهی شما می‌باشد.

نقاط اشتراک پاسخ‌هایتان را بنویسید.

....

....

....

....

....

....

....

....

....

....

....

....

....

....

....

شناسایی اهداف بر اساس تضادها

شما چه چیزی را نمی‌خواهید؟

لطفاً از شرایطی که در زندگی دوست ندارید و نمی‌خواهید، دست بردارید. گاهی انسان‌ها چنان غرق در ناخواسته‌هایشان می‌شوند، که خواسته‌هایشان را فراموش می‌کنند. البته نگران نباشید، یکی از روش‌های تعیین اهداف، شناسایی **تضادها** می‌باشد. تضادها مواردی هستند که ما در زندگی آن‌ها را نمی‌خواهیم اما به واسطه فکر کردن مداوم به آن‌ها و به تبع آن برانگیختن احساسات، بیشتر همان شرایط و موقعیت‌های نامطلوب و ناخواسته را جذب می‌کنیم، فکر کردن به آن‌ها ما را آزرده خاطر می‌کند و جایگزین کردن آن‌ها با خواسته‌های واقعی، نه تنها ما را از فکرکردن به آن‌ها باز می‌دارد بلکه باعث می‌شود به بخشی از اهداف زندگیمان دست پیدا کنیم. اگر از این قسمت استفاده می‌کنید، می‌توانید بعد از نوشتن این بخش، بر روی جملات مربوط به تضادها خط بزنید.

برای مثال می‌توان از نمونه کامل شده زیر استفاده کرد:

- ناخواسته: نمی‌خواهم بی‌پول باشم.
- خواسته: می‌خواهم پولدار باشم.
- ناخواسته: نمی‌خواهم مریض باشم.
- خواسته: می‌خواهم سالم باشم.

مرحله دوم: تنظیم اهداف کلی بر اساس تضادها

☹ ناخواسته:..

☺ خواسته:..

☹ ناخواسته:..

☺ خواسته:..

☹ ناخواسته:..

☺ خواسته:..

☹ ناخواسته:..

☺ خواسته:..

☹ ناخواسته:..

☺ خواسته:..

☹ ناخواسته:..

☺ خواسته:..

☹ ناخواسته:..

خواسته: ....

ناخواسته: ....

خواسته: ....

ناخواسته: ....

خواسته: ....

ناخواسته: ....

خواسته: ....

ناخواسته: ....

خواسته: ....

ناخواسته: ....

خواسته: ....

ناخواسته: ....

خواسته: ....

ناخواسته: ....

خواسته: ....

ناخواسته: ....

خواسته: ....

ناخواسته: ....

خواسته: ....

فرصت دوباره

فرصت دوباره، شاید در نظر خیلی‌ها تنها یک آرزوی بزرگ دست نیافتنی می‌باشد که امکان پذیر نیست. گاهی اوقات فکرکردن به زندگی گذشته و بررسی فرصت‌ها و شانس‌های دوباره می‌تواند جرقه‌های بزرگی از اهداف را در ذهن ایجاد کند.

برای لحظاتی به این فکرکنید که اگر فرصت دوباره داشتید، چه کارهایی را انجام می‌دادید، چه کارهایی را انجام نمی‌دادید و چه کارهایی را متفاوت انجام می‌دادید؟

چه کارهایی را انجام می‌دادید؟

چه کارهایی را انجام نمی‌دادید؟

....

....

....

....

....

....

....

....

....

چه کارهایی را متفاوت انجام می‌دادید؟

....

....

....

....

....

....

....

....

....

لطفاً پاسخ‌ها را بررسی نمایید، ممکن است هنوز هم بتوان به آن اهداف رسید. با توجه به پاسخ‌های بالا هم اکنون امکان دست یافتن به کدام موارد وجود دارد؟
(حتی شاید بتوانید با خلاقیت و انعطاف‌پذیری، آنها را طوری تغییر دهید که امکان رسیدن به این اهداف هم اکنون ممکن شود)

پیدا کردن هدف به روش جک کنفیلد

برای پیدا کردن هدف ابتدا به ۳ سؤال زیر پاسخ دهید:

۱. دو ویژگی و ارزش که از زندگی کردن بر مبنای آنها لذت می‌برید کدام‌اند؟(مثلاً عشق و صداقت)

....

....

....

....

....

۲. دو مورد که بیشتر از همه دوست دارید که آن ویژگی‌ها را در تعامل با دیگران نشان دهید، چیست؟

....

....

....

....

....

۳. اگر از نظر شما یک دنیای عالی داشتیم آن چه شکلی بود و مردم چه کارهایی انجـام می‌دادند؟

- سپس پاسخ‌ها را با هم ترکیب نمایید تا هدف زندگیتان را بیابید.

- هم اکنون از مقیاس ۱ تا ۱۰ چقدر از این هدف را زندگی می‌کنید؟

- اگر پاسخ شما چیزی کمتر از ۱۰ است، لطفاً از خودتان بپرسید، چه چیزی باید اتفاق بیافتد تا بتوانید در سطح روزانه در هدفتان زندگی کنید؟

....

....

....

....

....

روش دیگر پیدا کردن هدف بر مبنای مرور لذت است.

۳۰ دقیقه وقت برای مرور زندگیتان بگذارید، و لیستی از تمام لحظاتی که بزرگترین شادی را در زندگیتان حس کردید، تهیه کنید. سپس در میان تمام لذت‌هایتان به دنبال یک الگو بگردید، این الگو می‌تواند هدف شما باشد.

تنظیم اهداف NLP

روش‌های گوناگونی برای تنظیم اهداف در رسیدن به آنچه در زندگی می‌خواهید وجود دارد که یکی از کامل‌ترین روش‌های تنظیم اهداف، روش تنظیم اهداف NLP می‌باشد.

در این روش شما اهداف خود را مشخص می‌کنید، سپس آن‌ها را طبقه‌بندی می‌کنید و برای رسیدن به آن‌ها از کاربردی‌ترین متدها استفاده خواهید کرد.

این روش شما را به اهدافتان می‌رساند مگر این که یک یا چند بند را رعایت نکرده باشید.

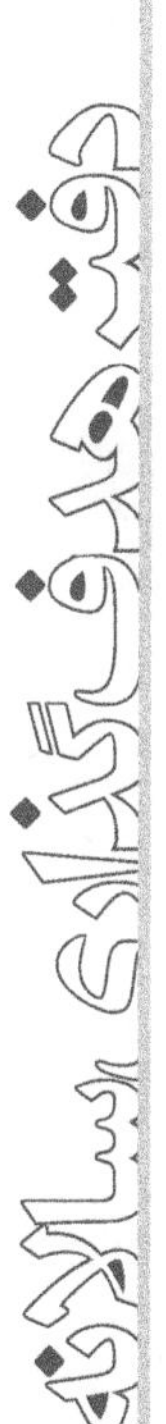

۲۴ اصل تنظیم اهداف NLP

هدفتان را با توجه به ٢٤ اصل زیر تنظیم نمایید.

۱- تهیه دفترچه تنظیم اهداف

مکتوب کردن اهداف ارزش بسیار زیادی دارد، بنابراین شما نیاز به یک دفتر مناسب و زیبا دارید.

دفتری که هم اکنون در دست دارید یک دفترچه تنظیم اهداف کامل و آماده می‌باشد و شما می‌توانید با کمک این دفتر برنامه ریزی، روند پیشرفت خودتان را بهتر و سریع‌تر نمایید.

۲- در مورد اهداف خود تحت هیچ شرایطی با هیچ‌کس صحبت نکنید

در مورد اهدافتان با هیچ‌کس صحبت نکنید مگر این که شخص مورد نظر متخصص در زمینه اهدافتان باشد وهم چنین فردی کاملاً بی طرف باشد که سود و زیان شما برای او هیچ فرقی نکند.

۳- هدف باید ساده، کوتاه و مثبت باشد.

هدف باید آن قدر ساده بیان شود که یک کودک هم بتواند آن را درک کند.هدف باید تا جایی که امکان دارد کوتاه باشد که ذهن وارد تجزیه و تحلیل نشود.

هدف باید مثبت باشد، یعنی در مورد خواسته‌ها بیان گردد، نه نخواسته‌ها! برای این کار می‌توانید از خود بپرسید که چه می‌خواهید؟ پاسخ این سؤال را در سطرهای

زیر بنویسید.

....

....

....

٤- نوشتن اصولی هدف

همان طور که قبلا گفته شد، هدف کمیتی برداری است که جهت، اندازه، ابتدا و انتها دارد.

در هنگام نوشتن اهداف بهتر است ذهنتان را زیاد درگیر نحوه نوشتن فعل هدف نکنید و با تبدیل فعل به مصدر کار خود را آسان نمایید. مثلاً به جای این که بنویسید من در تاریخ... یک خودروی بنز دارم بنویسید داشتن یک خودروی بنز در تاریخ...

شما می‌توانید برای هدف گذاری‌هایتان از یک الگوی هدف‌گذاری مناسب استفاده نمایید، به عنوان مثال، هدف معروف بیل گیتس که جهت، اندازه، ابتدا و انتها دارد.

فروش دو میلیون نسخه ویندوز ۷ در بازار آفریقای جنوبی تا پایان سال ۲۰۱۳

بر همین مبنا می‌توانید اهداف خود را بنویسید. برای مثال: (خرید یک خانه ۳۰۰ متری در ولنجک تهران تا پایان شهریور ماه سال ۹۹)

....

....

۵- هدف شما باید SMART یا هوشمندانه باشد.

اسمارت استراتژی اثبات شده ای برای رسیدن به اهداف است.

۱- S : هدف شما باید خاص و مشخص باشد. (Specific)

۲- M: هدف باید قابل اندازه‌گیری و سنجش باشد(Measurable)

۳- A: هدف باید قابل دسترس و قابل دستیابی باشد(Achievable)

٤- R: هدف باید مرتبط باشد(Relevant)

۵- T: هدف باید تاریخ و زمان داشته باشد(Time)

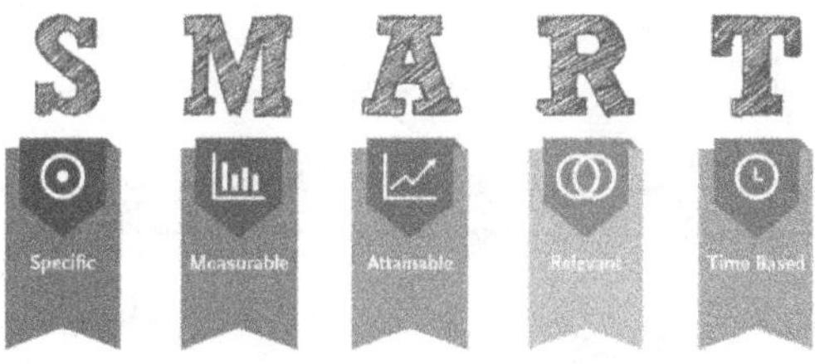

هدف مشخص: هدف باید واضح و شفاف باشد و به صورت کلی بیان نشود، مثلاً هدف می‌خواهم موفق باشم، کلی است.

از خود سؤال کنید، چه چیزی دقیقا می‌خواهید انجام دهید؟ پاسخ را در خط پایین بنویسید.

....

....

هدف قابل اندازه‌گیری: همیشه اهدافی تعریف کنید که قابل اندازه‌گیری و کمی باشند یعنی باید معیاری وجود داشته باشد تا بتوانید آنها را ارزیابی کنید که چقدر به هدف خود نزدیک شده‌اید.

از خودتان سؤال کنید، چگونه متوجه خواهید شد که به هدفتان رسیده‌اید؟

....

....

هدف قابل دسترسی: اهداف باید برای شما قابل‌دسترس و واقع بینانه باشند. هدف واقع بینانه است که با واقعیت‌های زندگی ما سازگار باشد. مثلاً تا سال آینده می‌خواهم که با خانواده‌ام در کره ماه زندگی کنم هدفی واقع بینانه‌ای نیست اهدافی که تعیین می‌کنید نباید خیالی باشند، و البته هر هدف که یک نفر در دنیا به آن رسیده باشد قابل دسترسی است.

یعنی اگر هدف مورد نظر شما در بازه‌ای از زمان در خوش‌بینانه‌ترین حالت با تلاش زیاد و عملکرد عالی امکان‌پذیر نباشد غیر قابل دسترس است.

از خودتان سؤال کنید آیا این هدف واقعی و قابل دستیابی است؟

....

هدف مرتبط: هدف مرتبط هدفی است که با باورها، ارزش‌ها، توانایی و امکانات شما تناسب و هم‌خوانی دارد.

اگر یک نفر قهرمان دو میدانی المپیک شده باشد، قطعا این یک هدف قابل دسترسی است، ولی اگر یک نفر که عضلات پای ضعیفی داشته باشد و هدف‌گذاری او برای ۳ ماه آینده این باشد که قهرمان دو میدانی المپیک شود در حالی که تا به حال در هیچ مسابقه دو میدانی شرکت نکرده، این هدف برای آن شخص هدف مرتبطی نیست.

از خودتان سؤال کنید، آیا شما قدرت انجام دادن این کار را دارید؟

....

....

هدف با محدودیت زمانی:

هر هدفی باید دارای یک چهارچوب زمانی باشد، یعنی زمان‌بندی مشخصی برای این هدف در نظر گرفته شده باشد.

از خودتان سؤال کنید تا چه موقع، دقیقا به هدفتان خواهید رسید؟

....

....

٦- هدف باید اکولوژیک و سبز باشد:

در دانش ان ال پی هدف باید با خودتان و جهان اطرافتان در هماهنگی باشد، تا از ایجاد اثرات پنهان و مخرب این هدف روی زندگی خودتان و جهان اطراف، جلوگیری کند.

هر هدفی که ۳ خصوصیت زیر را داشته باشد، اکولوژیک و سبز است:

- ✓ به ضرر هیچ‌کس نباشد
- ✓ به ضرر جهان هستی نباشد
- ✓ از روی غرور و خودپسندی نباشد

با در نظر گرفتن این اصل، فرد تمام جوانب مربوط به اثراتی که رسیدن به هدف می‌تواند بر دیگران و خودش بگذارد را مد نظر قرار می‌دهد.

می توانید از خودتان بپرسید این هدف چه پیامدهایی برای سایر مسائل و افراد دارد؟

۷- اهداف باید اولویت‌بندی شوند

دو نوع اولویت‌بندی وجود دارد:

الف: اولویت‌بندی زمانی:

در اکثر اوقات وقتی شروع می‌کنیم لیست‌کردن اهداف و آرزوها، تعداد آنها بیشتر از مقداری است که زمان کافی برای تحقق زود هنگام آنها داشته باشیم، بنابراین باید اهداف را اولویت‌بندی زمانی نمود. در این راستا قانون آیزنهاور می‌تواند به ما کمک کند.

در این قانون کارها را به چهار قسمت، مهم و ضروری، مهم و غیر ضروری ، ضروری و غیر مهم و غیر ضروری و غیر مهم تقسیم‌بندی می‌کنیم.

- ✓ ضروری و مهم (کارهایی که باید فوراً انجام دهید.)
- ✓ مهم اما غیرضروری (اهدافی که می‌توانید به بعد موکول کنید.)
- ✓ ضروری، اما غیر مهم (کارهایی که می‌توانید به فرد دیگرَی واگذار کنید.)
- ✓ غیر ضروری، غیر مهم (کارهایی که باید حذفشان کنید.)

تفاوت بین کارهای ضروری و مهم

دوایت آیزنهاور

آنچه که مهم است به ندرت ضروری است

و آنچه که ضروری است به ندرت مهم.

نکته جالب درباره این جدول این است که شما می‌توانید از آن هم برای اهداف بلند مدت و هم اهداف کوتاه مدت، کارهای روزانه (امروز چه کارهایی را باید انجام دهم؟) استفاده کنید.

ماتریس آیزنهاور

	ضروری	غیرضروری
مهم	همین حالا انجام بده	تصمیم‌بگیر کی انجام بدی
غیرمهم	به بقیه بسپار	انجام نده!

اهداف مهم و ضروری شما:

....

....

اهداف مهم و غیر ضروری شما:

....

....

اهداف غیر مهم و ضروری شما:

....

....

اهداف غیر مهم و غیر ضروری شما:

....

....

ب: اولویت‌بندی وابستگی

ان ال پی می‌گوید شما می‌توانید فقط برای خودتان هدف‌گذاری انجام دهید.

اهداف ما باید وابسته به خودمان باشند و زمانی که هدف خانوادگی یا تیمی باشد، در صورتی این سیستم جواب می‌دهد که همه افراد اصول تنظیم اهداف ان ال پی را آموزش ببینند و همچنین از درون با آن موافق باشند.

۸- هدف باید تحت کنترل فرد باشد:

این اصل را از دو دیدگاه می‌توان بررسی کرد:

۱- شما نمی‌توانید برای فرد دیگری هدف‌گذاری کنید.

مثلاً نمی‌توانید هدفتان را این قرار دهید که فرزندتان در کنکور قبول شود و یا بیماریش درمان شود.

زیرا ما واقعاً نمی‌دانیم که او در اعماق وجودش چه ابزارها و قدرت‌هایی دارد و به چه چیزهایی می‌خواهد دست یابد و آیا این هدف با درون شخص سازگار است یا نه؟

۲- چیزی که کاملاً تحت کنترل خود شما نیست، نمی‌توانید برای آن طبق اصول هدف‌گذاری NLP، هدف‌گذاری انجام دهید.

اگر هدفتان کاملاً تحت کنترل شما نیست در قالب تنظیم اهداف NLP نمی‌گنجد، مگر این که با تغییر دادن هدف، هدف را تحت کنترل خود در آورید.

مثلاً نمی‌توانید این هدف را برای خودتان تعیین کنید که همسرم، برای ما ویلا بخرد، چون این هدف تحت کنترل همسرتان می‌باشد.

لطفاً با دانستن این اصل از اهدافتان ناامید نشوید، بلکه با رعایت اصل انعطاف پذیری، هدف را طوری تغییر دهید که در کنترل خودتان دربیاید.

مثلاً این هدف را برای خودتان تعیین کنید که من بتوانم همسرم را راضی کنم که برای ما ویلا بخرد.

هدف باید تحت کنترل شخص باشد و فرد باید این توانایی را داشته باشد که خود در جهت رسیدن به هدفش قدم بردارد.

می‌توانید از خود بپرسید، آیا خودتان می‌توانید برای تحقق این هدف اقدام کنید و آن را انجام دهید؟

۹- هدف باید با درونتان سازگار باشد:

آیا هدفتان با درونتان سازگار است یا نه؟

آیا نسبت به هدفتان مقاومت درونی دارید؟

هدفتان باید با ضمیرناخودآگاه‌تان سازگار باشد. یعنی گاهی ممکن است ضمیرناخودآگاه یا عمق ذهن شخص با هدفش ناسازگار باشد در این صورت NLP تضمینی ندارد که شخص به هدفش برسد.

تشخیص مقاومت درونی

برای تشخیص مقاومت درونی از تکنیک ان ال پی زیر استفاده کنید.

قدم اول: بدترین شخصی را که می‌شناسید در ذهنتان پیدا کنید، مهم نیست که این فرد در قید حیات باشد یا نه و مهم نیست که شما او را کاملاً بشناسید یا نه!

به این توجه نمایید که چه ویژگی‌هایی از این فرد موجب نفرت شما می‌گردد.

اگر نتوانستید فرد خاصی را پیدا کنید، به این فکر کنید که اگر یک شخص چه ویژگی‌هایی داشته باشد، شما نمی‌توانید او را تحمل کنید و به عنوان یک انسان چه کاری را اصلا قبول نمی‌کنید که انجام دهید.

قدم دوم: بعد از پیدا کردن شخص مورد نظر، لطفاً چشمهایتان را ببندید و نفس عمیق بکشید.

تجسم کنید که شما جای آن فرد هستید و کاملاً با او Asso (خود احساس) گردید و به صورت ذهنی همان اعمالی را انجام دهید که بابت آنها از آن شخص

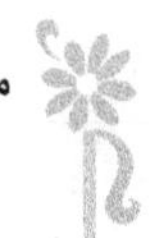

متنفر بودید.

- به احساساتتان توجه کنید و ببینید چه احساسی دارید؟
- هر احساسی را که تجربه کردید، بنویسید.

قدم سوم: سپس به یک موضوع متفاوت و کاملاً بی ربط فکر کنید.

قدم چهارم: بهترین آدم را از دیدگاه خودتان پیدا کنید، مهم نیست که این فرد در قید حیات باشد یا نه و مهم نیست که شما او را کاملاً بشناسید یا نه!

فردی که آن قدر خوبی‌هایش زیاد و پررنگ است، که اگر صفت بدی هم داشته باشد، به چشم نمی‌آید. به این توجه نمایید که چه ویژگی‌های از این فرد موجب علاقه شما به او گردیده است.

قدم پنجم: بعد از پیدا کردن شخص مورد نظر، لطفاً چشمهایتان را ببندید و نفس عمیق بکشید.

حال خودتان را به جای آن شخص قرار دهید و تجسم کنید که در حال انجام دادن کارهایی هستید که بابت آن کارها از او خوشتان آمده است.

- به احساساتتان توجه کنید و ببینید چه احساسی دارید؟
- هر احساسی را که تجربه کردید، بنویسید.

قدم ششم: سپس به موضوع متفاوت و کاملاً بی ربط فکر کنید.

قدم هفتم: لطفاً چشمهایتان را ببندید و نفس عمیق بکشید، تجسم کنید که به سمت هدفتان قدم بر می‌دارید(نباید تجسم کنید که به هدفتان رسیده اید، بلکه باید تجسم کنید که در راستای آن هدف در حال حرکت هستید).

به احساساتتان توجه کنید و ببینید چه احساسی دارید؟ جنس حسی که در حال حاضر تجسم می‌کنید، شبیه کدام حس می‌باشد، حس آدم بد در مرحله اول و یا

حس آدم خوب در مرحله دوم؟

نتیجه گیری

اگر حستان شبیه حس آدم بد در مرحله اول بود، این به معنای داشتن مقاومت درونی نسبت به هدفتان است.

اگر شما نسبت به هدفتان مقاومت درونی داشته باشید، یا به هدفتان نمی‌رسید و یا با صرف تلاش و زحمت زیاد به آن می‌رسید.

راه حل:

در صورت داشتن مقاومت می‌بایست یکی از دو کار زیر را انجام دهید:

- یا هدفتان را تغییر دهید
- یا مقاومت درونی‌تان را از بین ببرید.(این کار توسط تکنیک‌های ان ال پی امکان پذیر است).

شما می‌بایست برای تمام اهداف بزرگتان این تکنیک را استفاده کنید.

۱۰- تطابق اهداف با ارزش‌ها

آنچه در نظر شما علی الخصوص در سطح ناخودآگاه مهم است، ارزشهای شما می‌باشند.

ارزش‌ها مواردی با اهمیت برای شما هستند که همیشه و به طور مداوم خواهان داشتن آنها در زندگی خود هستید.

ارزش‌های شما هر چه که باشند، بر تصمیمات شما اثر گذار خواهند بود.

اندازه‌گیری ارزش‌ها نیز از جمله موارد مهم است که باید مورد توجه قرار بگیرد.

حتی ممکن است افراد مختلف ارزش‌های یکسانی داشته باشند، ولی مقیاس اندازه‌گیریشان متفاوت باشد.

چگونه ارزش‌ها را در زندگی پیدا کنیم؟

برای پیدا کردن ارزش‌ها، از خودتان سؤال کنید که در زندگی چه چیزی برای من از همه مهمتر است؟ سلامتی، ثروت، خانواده، آرامش یا چه چیز دیگری.

لیستی از موارد با اهمیت زندگیتان را تهیه کنید. بعد از نوشتن تمامی ارزشهایتان، آنها را به ترتیب اولویت بنویسید. مهمترین ارزش‌ها در بالا و کم اهمیت‌ترین ارزش‌ها در پایین لیست قید شوند. سپس ۱۰ اولویت ارزشی خود را به صورت جداگانه بنویسید.(لیست اول ارزش‌ها)

هدفتان را با ارزش‌هایتان مقایسه کنید و به این مورد توجه کنید که آیا هدفتان هم‌راستا با ارزش‌هایتان هست یا در تقابل آن قرار دارد.

اگر ارزش اول شخصی خانواده باشد نمی‌تواند هدفش را زندگی در یک کشور خارجی قرار دهد زیرا زندگی در یک کشور دیگر یعنی دوری از خانواده مگر آن که راهکاری پیدا کند. اگر می‌خواهید متفاوت زندگی کنید، از خود سؤال نمایید که برای این هدف نیازمند ایجاد چه ارزش‌هایی هستم؟

لیستی از ارزش‌های جدید برای خود ایجاد کنید.(لیست دوم ارزش‌ها) ارزش‌های نامطلوب لیست اول را خط بزنید و به لیست دوم، ارزش‌های مطلوب را اضافه کنید. در نهایت خود را متعهد سازید که آنها را به عنوان قطب نمای زندگیتان به کار بگیرید.

۱۱- در نظر گرفتن نیت مثبت

قطعا برای دستیابی به اهداف بزرگ ما نیاز داریم که عادت‌هایی را ایجاد کنیم و در مقابل رفتار و عادت‌هایی را ترک نماییم.

از آنجا که هر عادت و رفتاری که ایجاد می‌شود، به خاطر نیت مثبتی در سطح ناخودآگاه به وجود آمده است، اگر هدفتان ترک عادت یا جایگزین کردن عادتی باشد باید نیت مثبت آن عادت هم مدنظر گرفته شود. تا زمانی که عادت و رفتار جدیدی که برای خودتان در نظر می‌گیرید، نیت مثبت رفتار قبلی را پوشش ندهد،

رفتار جدید ممکن است ماندگار نباشد، زیرا تغییراتی که صورت می‌گیرد در سطح ناخودآگاه است و باید نیت مثبت سطح ناخودآگاه بررسی و مورد توجه قرار بگیرد.

۱۲- اهداف را باید به مراحل و هدف‌های کوچکتر تقسیم‌بندی نمود:

چگونه می‌توان یک فیل را خورد؟ پاسخ آن بسیار ساده است، هر روز یک لقمه. پله‌ها را یکی یکی بالا روید، هدف‌های بزرگ را به هدف‌های کوچتر تقسیم کنید و به تدریج آنها را تکمیل کنید. با برداشتن گام‌های کوچک می‌توان به موفقیت‌های خوبی رسید و انگیزه‌ی خود را بالا برد.

باید توجه داشته باشیم برای رسیدن به اهداف بزرگ، باورپذیری بیشتر و همچنین برنامه‌ریزی راحت تر، بهتر است آنها را به قدم‌های کوچکتر تقسیم‌بندی نمود. نگاه کردن به فاصله حال شما تا هدفتان، ممکن است شما را دچار ترس و اضطراب نماید.

آنتونی رابینز

می‌گوید: منشا اصلی استرس، انبوه کارهایی است که بر سر ما ریخته است. اگر روی پروژه‌ای کار می‌کنید و می‌خواهید تمام کارها را هم زمان انجام دهید، استرس شما را از پا درمی‌آورد.

اما اگر این فاصله را به قطعات و قسمت‌های کوچکتر و واقع بینانه تقسیم نمایید، هم فشار روانی شما کاهش پیدا می‌کند و هم باورپذیری شما را افزایش می‌دهد.

هر بار با انجام دادن یک مرحله، مرکز پاداش در مغز فعال می‌شود و هورمون دوپامین تولید می‌گردد که شما را برای انجام مرحله‌ی بعد راغب می‌کند.

۱۳- ترسیم دیاگرام «پله پله کردن» و اولویت‌بندی کردن:

بعد از تقسیم کردن اهداف باید به تعداد اهدافی که ریز نموده اید، با توجه بـه اصـل ۱٤ و ۱۵، پله و دیاگرام بکشید و سلسله مراتب رسیدن به هدف را ترسیم نمایید.

این دیاگرام علاوه بر ایجاد دورنمای کلی، جزئیات هر پله را نیز مورد توجه قرار می‌دهد و می‌توانید در هر موقعیتی مشخص کنید که در چه مرحله‌ای قرار دارید، چه گام‌هایی را طی کرده‌اید و چه گام‌هایی باقی مانده است.

حتی در آثار ادبی افراد صاحب نام نیز می‌توان ردپای پلـه پلـه کـردن اهـداف را مشاهده کرد، مانند هفت خوان رستم، هفت شهر عشق عطار و ...

۱٤- ارتباط هر پله با پله قبلی و بعدی الزامی است

رسیدن به هر پله مسـتلزم عبـور از پلـه قبلـی اسـت، یعنـی ابتـدا گام‌هـا را طـوری اولویت‌بندی نمایید که لازم و ملزوم همدیگر باشند و دوم این که همه پله‌ها باید بـه هدف ربط داشته باشند.

باید مورد هر پله با پله قبل و بعد از خود ارتباط داشته باشـد، بـه ایـن معنـا کـه رسیدن به هر پله مستلزم گذشتن از پله قبلی باشد.

لطفاً طوری پله‌ها را طرح‌ریزی نمایید که به ترتیـب باشـند و در راسـتای هـدف بزرگ چیده شوند.

۱۵- جنس اجزای هدف الزاما نباید همه از یک نوع باشد.

الزامی وجود ندارد که جنس همه پله‌ها مانند هم باشد. مثلاً اگر هدف من رسیدن به ۱۰ کیلو اضافه وزن بیشتر است، الزما همه پله‌ها از جنس افزودن به وزن نیست.

ممکن است بعضی از پله‌ها رفتن به باشگاه، انجام فعالیت‌های ورزشی، تغییر سبک زندگی و تغییر نوع تغذیه باشد.

۱۶- اختصاص دادن زمان به هر پله

این اصل به معنای اختصاص دادن یک بازه زمانی معین برای رسیدن به هر کدام از پله‌های مشخص شده در مسیر رسیدن به اهداف است. زمان‌ها باید تا حد ممکن واقعی و در دنیای واقعی شدنی باشند .

۱۷- نوشتن تمامی جزئیات مثبت و منفی هدف و تعیین راهکار برای اتفاقات احتمالی منفی

در این مرحله تمام اتفاقات مثبت و به خصوص منفی که ممکن است در مسیر حرکت مانع ایجاد کند را بنویسید و برای هر کدام از آنها از قبل راهکار پیدا کنید.

سؤالی که ممکن است برای شما پیش بیاید این است که آیا با نوشتن تمام مشکلات و موانع آنها را به زندگیمان جذب نخواهیم کرد؟

در این مرحله فقط یک بار و برای چند دقیقه به صورت کاملاً DISSO و دگر احساس به موانع و مسائل احتمالی پیش رو فکر کرد و برای هر کدام از مسائل راهکار مناسب پیدا نمود، در این صورت ذهن شما دیگر درگیر مسائل نخواهد بود و در مسیر حرکت کمتر به مشکلات فکر خواهید کرد و در صورت وقوع هر مسئله‌ای راهکار از قبل تعیین شده خواهید داشت، درنتیجه زمان و انرژی کمتری برای رفع این مسئله صرف خواهید کرد.

ضمنا چون به صورت دگراحساس در مورد جزئیات منفی فکر کرده‌اید، این موارد را به زندگیتان جذب نخواهید کرد.

۱۸- اصل انعطاف‌پذیری

در هر سیستم کسی که بیشترین انعطاف‌پذیری را داشته باشد، موفق‌تر است. انعطاف‌پذیری به معنای باور داشتن به این جمله است که یا راهی خواهم یافت یا راهی خواهم ساخت. به یاد داشته باشید انعطاف‌پذیری گاهی به معنای تغییر خود هدف است.

گاهی افراد به اشتباه فکر می‌کنند که انعطاف‌پذیری به معنای سازش با محیط، شرایط و افراد است، در حالی که اگر این سازش از روی اجبار، ترس، درماندگی، ناتوانی، عدم آگاهی و عدم تدبیر باشد، با اصل انعطاف‌پذیری در مغایرت می‌باشد، در حالی که اگر این سازش از روی آگاهی و تدبیر باشد و به امید تغییر در اولین فرصت صورت گیرد، در ذیل اصل انعطاف‌پذیری می‌باشد.

می توان در شرایطی که نیاز به تغییر مسیر، اشخاص، روش یا ابزار داشتیم، از خود بپرسیم: از چه روش، ابزار، مسیر یا اشخاص دیگر می‌توان استفاده کرد؟

۱۹- بعد از بررسی همه مسائل لطفاً دیگر به محقق نشدن اهداف فکر نکنید.

زمانی که تمام مراحل قبل را انجام دادید، یعنی نیت مثبت را در نظر گرفتید، مقاومت‌های درونی را بررسی کردید، دلایل رسیدن به هدف را نوشتید، لطفاً دیگر بر روی نشدن هدفتان تمرکز نکنید.

۲۰- کنترل انگیزه در هر مرحله

انگیزه، نیروی محرکه‌ای است که برای رسیدن به هدف به آن نیاز داریم، هر چند گاهی حفظ انگیزه دشوار به نظر می‌رسد.

اگر انگیزه از بین برود، کم‌کم سرعت کم می‌شود و در نهایت اهداف را کنار می‌گذاریم. انگیزه و عملکرد ارتباط نزدیکی با هم دارند، عملکرد مناسب، سبب ایجاد نتیجه خوب می‌گردد و این نتیجه دوباره انگیزه ایجاد می‌کند، هر چند که عملکرد اولیه، نیاز به انگیزه دارد تا صورت بگیرد.

انگیزه مفهومی دو منظوره دارد، که از یک سو محرک ایجاد کننده رفتار است و از سویی دیگر با رسیدن به هدف رفتار و نتیجه، انگیزه مضاعف ایجاد می‌گردد.

پیدا کردن چشم اندازها، تعیین هدف درست و اصولی و نوشتن دلایل قوی و محکم برای رسیدن به هدف، استفاده از اصل انعطاف‌پذیری و پله پله کردن اهداف می‌تواند سبب ایجاد انگیزه در افراد شود. هر چند که در ادامه هنگامی که شروع می‌کنیم به هدف گذاری، با طرح پرسش‌های مناسب و پاسخ‌های صحیح، محرک لازم برای ایجاد انگیزه تولید می‌شود.

۲۱- تجسم هر پله روی همان پله

توجه داشته باشید که در تجسم اهداف بر اساس متد ان ال پی، در هر مرحله فقط نزدیک‌ترین پله را تجسم کنید و بعد از رسیدن به آن پله، فقط، پله بعدی را تجسم کنید و به همین شکل قدم به قدم ادامه دهید تا در نهایت بتوانید قله را تجسم کرده و به آن برسید. اما این شکل از تجسم محدودکننده و چهارچوب‌بندی شده است و منجر به محدودیت ذهن می‌شود. بهترین کار این است که علاوه بر تجسم نزدیک‌ترین پله، دور نمایی از قله را در ذهن داشته باشید و هدف اصلی را فراموش نکنید تا به راحتی بتوانید فرصت‌های جدید و راه‌های ساده‌تر را پیدا کنید.

۲۲- نوشتن تمام راه‌های رسیدن به هدف بدون هیچ محدودیتی

با فکر کردن به راه‌های جدید و بدون محدودیت، ضمیرناخودآگاه خود را برنامه‌ریزی خواهید کرد که از تمام فرصت‌ها و امکانات پیش‌رو استفاده کند و مسیرهای جدید و راحت‌تری را برگزینند. به دلیل قدرت بیکران جهان هستی، و

قدرت درون انسان‌ها لطفاً خودتـان را منحصـر بـه چهارچوب‌هـای دسـت و پـاگیر نکنید.

با انجام این تمرین در واقع ذهـن شـما ایـن آمـادگی را پیـدا می‌کنـد تـا بتوانـد فرصت‌ها را شناسایی کند و گاهی از میان‌برها استفاده کند.

۲۳- عینی بودن محیط تجسم شما با واقعیت

باید بتوانید شفاف و واضح هدفتان را تجسم نمایید. اگر شما آرزوی مسافرت به یک کشور دیگر را دارید و در ذهنتان تصویر واضح و واقعی از آن کشور ندارید، تجسـم آن برای شما امکان پذیر نخواهد بود، بنابراین تجسم نمی‌تواند به شما کمـک کنـد و احتمال دستیابی شما به هدف بسیار کم خواهد بود.

۲٤- اصل مدل‌سازی و الگوبرداری

کسانی را که در مسیر هدف شما حرکت کرده‌اند (هدف مشابه شما داشته‌اند و به آن هدف رسیده‌اند) و ارزش‌های شما با آنها سازگار اسـت را بـه عنـوان الگـوی خـود انتخاب کنید و سـعی کنیـد حـداقل سه الگـو در آن زمینـه پیـدا کنیـد و از اصـل مدل‌سازی استفاده نمایید. دلیل انتخاب الگوهایی متناسب بـا ارزش‌هـای شـما ایـن است که حلقه‌های ارتباطی منفی کمتری ایجاد شود.

الگویی که انتخاب می‌کنید باید تا حدود زیادی با شـما و شـرایط شـما مطابقـت داشته باشد. اگر الگوی انتخابی شما فاصله زیادی(بعد مکانی مدنظر نیست) از لحاظ فرهنگی با ارزش‌ها و هویت شما داشته باشد، ممکن اسـت شـما را دچـار ناامیـدی کند. شما برای تک تک اهدافی که می‌خواهید بر اساس متد تنظـیم اهـداف NLP بـه آن دست پیدا کنید باید تا حد امکان این ۲٤ اصل را مدنظر بگیرید.

نوشتن و لیست کردن موفقیت‌ها و افتخارات

گاهی انسان‌ها به دنبال موفقیت‌های بزرگ هستند، موفقیت‌های متوسط و یا کوچک خود را ناچیز می‌شمارند، در حالی که رسیدن به موفقیت‌های بزرگ بدون موفقیت‌های کوچک امکان‌پذیر نمی‌باشد. نوشتن این لیست می‌تواند توانایی‌هایتان را به شما گوشزد کند و اعتماد به نفستان را بالا ببرد. هر موفقیتی را که تاکنون در زندگی کسب کرده‌اید در لیست زیر بنویسید. (دقت کنید کوچک و بزرگی موفقیت مهم نیست.)

....

....

....

....

....

....

....

....

....

....

هدف‌گذاری بر مبنای ان ال پی (NLP)

یکی از اصول اصلی NLP، واضح و روشن کردن نتیجه و هدف است و این اصل با دانستن آنچه که می‌خواهید شروع می‌شود.

تعریف هدف

برای تنظیم اهداف، بهتر است ابتدا هدف را تعریف کنیم.

هدف کمیتی برداری است که جهت، اندازه، ابتدا و انتها دارد.

تفاوت زیادی بین، آرزو، هدف و تحقق اهداف وجود دارد، در بسیاری از موارد، آرزوها در حد رویا می‌مانند و به هدف تبدیل نمی‌شوند و یا حتی اهداف محقق نمی‌گردند، ما نیاز به یک سیستم مدون، مطمئن و آزموده داریم تا ما را به سمت کامیابی و دستیابی به اهداف رهنمون سازد.

سیستم تنظیم اهداف بر اساس ان ال پی به شما کمک می‌کند که مسیر صحیح را پیدا کرده و تا زمان رسیدن به آن در مسیر درست بمانید وبعد از رسیدن به اهداف احساس رضایت داشته باشید.

یک مسئله بسیار مهم در تنظیم اهداف این است که اکثر افراد هدف‌گذاری را فقط در یک بعد از زندگی انجام می‌دهند و این در اکثر موارد منتهی به پوچی می‌گردد.

هر چقدر جسم، مغز و روح ما در هماهنگی بیشتری با هم باشند، زندگی ما معنای بیشتری پیدا می‌کند. اگر شما فقط در یک بعد از زندگیتان هدف داشته باشید، در بسیاری از موارد بعد از رسیدن به آن هدف، چون ابعاد دیگر زندگیتان رشد نیافته

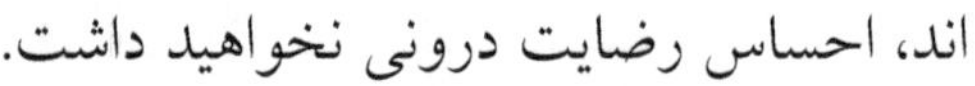

اند، احساس رضایت درونی نخواهید داشت.

جسم، مغز و روح ما همچون سازی است که با مراحل عالی‌تر وجود هماهنگ است، لذا هر چه آن را دقیق‌تر کوک کنیم و هر چه هماهنگ‌تر باشیم، راحت‌تر می‌توانیم به احساسات و آگاهی‌های پربارتر دست یابیم.

با استفاده از این متد یاد می‌گیرید که چگونه رویاها، آرزوها و اهداف خود را سامان‌دهی کنید و آنها را به واقعیت تبدیل نمایید و در نهایت احساس عمیق رضایت درونی را تجربه خواهید کرد.

آیا خواسته‌های خود را در زمینه‌های جسمی، ذهنی، روحی، مالی، تفریحی و معنوی تعریف کرده‌اید؟

با آرامش هدف‌گذاری نمایید

لطفاً برای تنظیم اهداف، مکان و زمانی را انتخاب نمایید که ذهنتان در اختیار شما باشد و بتوانید با آرامش، هدف‌گذاری صحیح‌تری را انجام دهید. در این سیستم ما اهدافمان را در **چهار زمینه** کلی زیر تقسیم می‌نماییم:

- ✓ اهداف شخصی و جسمی
- ✓ اهداف اقتصادی و مالی
- ✓ اهداف معنوی و روحی
- ✓ اهداف تفریحی، ذهنی و ماجراجویانه

به عنوان مثال، ازدواج، به دست آوردن مدارک تحصیلی بالاتر، شغل مناسب و داشتن بدنی سالم و تنومند در زمره اهداف شخصی و جسمی قرار می‌گیرند.

برای شغل‌تان هدف انتخاب کنید، در کارتان به چه چیزی می‌خواهید برسید؟ برای روابط‌تان هدف‌گذاری کنید. برای مهم‌ترین روابط‌تان هدف‌گذاری کنید؟ به سایر روابط‌تان فکر کنید که چگونه آنها را بهبود ببخشید.

افزایش درآمد، خرید ماشین و ملک در راستای اهداف مادی‌تان می‌باشد. برای

زندگی مالیتان هدف‌گذاری کنید. امسال می‌خواهید چقدر پول در بیارید؟ آیا درآمد جانبی می‌خواهید؟

منظور از اهداف ذهنی بالا بردن آگاهی، آرامش، مراقبه، کنترل ذهن، ازبین بردن افکار منفی، استراحت، مسافرت، قدرت تخیل و تجسم، تمرکز، قوی کردن حافظه و کلیه مواردی که به ذهن مربوط می‌شود می‌باشد.

و منظور از اهداف معنوی اهدافی است که مربوط به تعالی و تکامل، کمک کردن به دیگران و جهان هستی، امور خیریه، نماز، بزرگ منشی، خوش اخلاقی، گذشت، صبوری، عشق، ایمان و ... می‌باشد. ما به معنویتی نیاز داریم که ما را در زندگی روزمره حفظ کند و به زندگی ما معنا دهد.

اهدافتان را بر روی کاغذ بیاورید

۷ قدم برای نوشتن اهداف

در این مرحله در مورد ۷ قدم برای نوشتن اهداف توضیحات کلی داده می‌شود تا در مرحله بعدی هر قدم را به صورت عملی و با جزئیات کامل پیش ببریم.

قدم اول:

در مورد هر یک از ابعاد شخصی و جسمی، معنوی و روحی، اقتصادی و مالی و ذهنی و تفریحی مدتی بیاندیشید، و سپس به این فکر کنید که اگر هیچ محدودیتی نداشتید و می‌دانستید که هرگز شکست نخواهید خورد، چه اهدافی را دنبال می‌کردید؟

سعی کنید در هر بخش مشخص شده اهدافتان را بنویسید، تعدد و کثرت اهدافتان، کار را در مراحل بعد آسان‌تر می‌کند، بنابراین در هر بعد سعی کنید حداقل ۱۵ هدف بنویسید. البته لازم نیست که در این قسمت اهدافتان را با دقت انتخاب نمایید و همه را با جزئیات بنویسید، بلکه مانند کودکان رویاپردازی نمایید و هر چه را که به ذهنتان رسید، بنویسید. ما برای موفقیت و رسیدن به اهدافمان به ابزارهایی نیاز داریم، ابزارهایی که حرکت در آن مسیر را برای ما سهل و آسان می‌کند، این ابزارها برخواسته از نیازهای ما است که به نوع هدفمان وابسته است.

این ابزارها می‌تواند ذهنی و یا جسمی باشد برای مثال: اعتماد به نفس، قدرت تصمیم گیری، فن بیان، نه گفتن، دویدن، کوهنوردی، شنونده بودن و ... می‌باشد که

آن‌ها را هم با تفکیک در بخش‌های مورد نظر می‌گنجانیم.

ممکن است کسب هر یک از این ابزارها به عنوان هدف در نظر گرفته شود.

لطفاً در مورد هر بعد، بدون در نظر گرفتن هیچ محدودیتی، با توجه به آرزوها و رویاهایتان، هر هدفی که دارید را بنویسید.

می توانید تصور کنید که غول چراغ جادو، روبروی شما قرار گرفته و منتظر شنیدن آرزوهای شماست، بنابراین مانند یک کودک شروع به خیال پردازی نمایید و اهداف و آرزوهایتان را بر روی کاغذ بیاورید.

قدم دوم:

بعد از اتمام نوشتن تمامی اهدافتان در همه بخش‌ها، این بار کاملاً منطقی به آنها نگاه کرده و آنها را مورد بازبینی قرار دهید و فکر کنید که هر کدام از این اهداف را تا کی می‌توانید محقق سازید. در مقابل اهدافتان، زمان‌های رسیدن به آن‌ها را بنویسید. در نوشتن زمان‌ها باید به سه نکته توجه داشت.

۱- تا حد ممکن باید زمان‌ها واقعی، دقیق و حساب شده باشد.

۲- نوشتن زمان‌ها باید بعد از اتمام نوشتن تمامی اهداف باشد.

۳- باید زمان‌ها به سال باشد.

برای اهداف زیر یک سال، نیز عدد یک سال نوشته می‌شود و در کنار آن هدف باید عدد ۱ را بنویسید و برای اهداف دو سال و چند ماه عدد سه سال نوشته می‌شود....

قدم سوم:

در مرحله بعد، از هر بُعد سه هدف که در مقابل آنها عدد یک قرار داده‌اید، یعنی اهدافی که تا یک سال و یا کمتر از یک سال می‌خواهید به آنها برسید، (پس از این کار شما حداکثر ۱۲ هدف یک ساله دارید) انتخاب کنید. هر کدام از این اهداف را به صفحه جداگانه منتقل نمایید.

قدم چهارم:

اکنون شما حداکثر ۱۲ هدف یک ساله را مشخص نموده اید که در شما انگیزه و شوق و شور زیادی ایجاد می‌کنند. هر هدف را لطفاً در یک صفحه جداگانه بنویسید و برای هر هدف دلایل محکم و قانع کننده ای بیاورید. بعد از نوشتن هر کدام از اهداف در صفحه جداگانه، در زیر هر هدف بنویسید که به چه دلیل می‌خواهید به آن هدف برسید. دلایل رسیدن به هر هدف را به‌صورت کاملاً مبسوط بنویسید. تا جایی که می‌توانید دلایل قوی و محکمی بنویسید.

واقعیت این است که وقتی ما می‌خواهیم به سمت هدف حرکت کنیم، ممکن است مسیر ما پر از موانع و دست‌انداز باشد، عاملی که باعث می‌شود که افراد با وجود موانع زیاد، به حرکتشان ادامه دهند، این است که انگیزه قوی و دلایل محکم و بزرگی پشت هدفشان وجود دارد. بعد از نوشتن دلایل بررسی کنید که آیا دلایل این قدر قوی هستند که اگر دچار مشکل شدید، دوباره ادامه دهید؟ اگر دلایل محکم نبودند، یا دلایل محکم‌تری پیدا کنید و یا هدفتان را عوض کنید.

قدم پنجم:

سپس هر هدف را طبق ۲۴ اصول هدف‌گذاری که قبلا به صورت کامل در مورد آن توضیح داده شده است بررسی نمایید.

قدم ششم:

بعد از نوشتن دلایل، هر شب قبل از خواب و هر روز صبح به محض بیدار شدن، فقط دلایل را مطالعه کنید. به این دلیل که وقتی به موضوعی زیاد فکر می‌کنید و قضیه انبساط رخ می‌دهد، از آن لحظه به بعد ذهن دنبال راهکار و ایده می‌گردد تا به شما در رسیدن به اهداف کمک کند.

قدم هفتم:

هر روز صبح اهدافتان را مرور کنید و حداقل یک کار کوچک برای آن انجام دهید.

مرحله تنظیم اهداف کلی

این بخش مخصوص قدم‌های اول و دوم است که در بخش قبلی توضیحات کافی ارائه گردیده است.

قدم اول: ابتدا بدون درنظر گرفتن محدودیت، تمام آرزوها، رویاها و اهداف شخصی و جسمی، اقتصادی و مالی، معنوی و روحی، تفریحی و ذهنی خود را در صفحه‌ای که برای آن در نظر گرفته‌ایم بنویسید.

قدم دوم: بعد از نوشتن تمامی اهداف در مقابل اهدافتان، زمان‌های رسیدن به آن‌ها را کاملاً منطقی بنویسید (طبق موارد در نظر گرفته شده در مرحله نوشتن اهداف)

۱. اهداف شخصی و جسمی

.... ( )

.... ( )

.... ( )

.... ( )

.... ( )

.... ( )

۲. اهداف اقتصادی و مالی

۳. اهداف معنوی و روحی

( ) ....
( ) ....
( ) ....
( ) ....
( ) ....
( ) ....
( ) ....
( ) ....
( ) ....
( ) ....
( ) ....
( ) ....
( ) ....
( ) ....
( ) ....
( ) ....
( ) ....
( ) ....
( ) ....

٤. اهداف تفریحی و ذهنی

قدم سوم: اکنون شما حداکثر ۱۲ هدف یک ساله را مشخص نموده اید که در شما انگیزه و شوق و شور زیادی ایجاد می‌کنند. (اگر تعداد اهداف شما کمتر از ۱۲ هدف هم باشد، مشکلی وجود ندارد.)

ابتدا در این صفحه حداکثر ۱۲ هدفتان را بنویسید و سپس هر هدف را به یک صفحه جداگانه که برای شما در صفحات بعد در نظر گرفته ایم منتقل کرده و برای هر هدف دلایل محکم و قانع کننده ای بیاورید.

۱)..

۲)..

۳)..

۴)..

۵)..

۶)..

۷)..

۸)..

۹)..

۱۰)...

۱۱)...

۱۲)...

قدم چهارم:

هدف شماره ۱:

دلایل:

هدف شماره ۲:

دلایل:

هدف شماره ۳:

دلایل:

....

....

....

....

....

....

....

....

....

....

....

....

....

....

....

....

....

....

هدف شماره ٤:

دلایل:

هدف شماره ۵:

دلایل:

....

....

....

....

....

....

....

....

....

....

....

....

....

....

....

....

....

هدف شماره ٦:

دلایل:

....

....

....

....

....

....

....

....

....

....

....

....

....

....

....

....

....

....

هدف شماره ۷:

دلایل:

هدف شماره ۸:

دلایل:

....

....

....

....

....

....

....

....

....

....

....

....

....

....

....

....

....

....

هدف شماره ۹:

دلایل:

هدف شماره ۱۰:

دلایل:

....

....

....

....

....

....

....

....

....

....

....

....

....

....

....

....

....

....

هدف شماره ۱۱:

دلایل:

هدف شماره ۱۲:

دلایل:

قدم پنجم:

۱۲ هدف را طبق ۲٤ اصول هدف‌گذاری که قبلا به صورت کامل در قسمت ۷ قدم توضیح داده شده است بررسی نمایید.

هدف ۱:

- **هدف را با توجه به اصل ۳، ٤ و ٥ بنویسید.**

....

- آیا هدفتان اکولوژیک است؟ (اصل ٦)
- بررسی نمایید که آیا این هدف تحت کنترل شما می‌باشد؟
- بررسی کنید که آیا هدفتان با درونتان سازگار است یا نه؟
- مقاومت درونی را بر اساس اصل ۹ بررسی کنید؟
- آیا هدفتان با ارزش‌هایتان در یک راستا است؟ (بررسی اصل ۱۰ بر اساس لیست اول ارزش‌ها)

سپس لیست دوم ارزش‌ها را در راستای هدف کنونی‌تان ایجاد کنید؟
چه ارزش‌هایی برای رسیدن به هدف باید ایجاد شود؟

....

....

....

....

....

....

....

- نیت مثبت شما در رابطه با این هدف چه چیزی است؟(رجوع شود به اصل ۱۱)

....

....

....

....

....

....

....

....

....

- هدفتان را با توجه به اصل ۱۲ به هدف‌های کوچکتر تقسیم‌بندی کنید.

....

....

....

....

....

....

....

....

- برای هدفتان دیاگرام بکشید (توجه به اصل ۱۳، ١٤، ١٥، ١٦ و ۷).

- **تمامی جزئیات مثبت و منفی هدف را بنویسید و برای اتفاقات احتمالی منفی (توجه به اصل ۱۷) راهکارهای لازم را تعیین کنید.**

....

....

....

....

....

....

....

....

....

- **تمام راه‌های رسیدن به هدف بدون هیچ محدودیتی (اصل ۲۲) را بنویسید.**

....

....

....

....

....

....

....

....

- **تصویری مناسب و واقعی از هر پله و هدف اصلی (قله نهایی) با توجه به اصل ۲۱ و ۲۲ بسازید.**

- **۳ فرد مناسب بر طبق ارزش‌هایتان را برای الگو و مدل انتخاب کنید.**

....

....

....

هدف ۲:

- **هدف را با توجه به اصل ۳، ٤ و ٥ بنویسید.**

....

- آیا هدفتان اکولوژیک است؟ (اصل ٦)
- بررسی نمایید که آیا این هدف تحت کنترل شما می‌باشد؟
- بررسی کنید که آیا هدفتان با درونتان سازگار است یا نه؟
- مقاومت درونی را بر اساس اصل ۹ بررسی کنید؟
- آیا هدفتان با ارزش‌هایتان در یک راستا است؟ (بررسی اصل ۱۰ بر اساس لیست اول ارزش‌ها)

سپس لیست دوم ارزش‌ها را در راستای هدف کنونی‌تان ایجاد کنید؟

- **چه ارزش‌هایی برای رسیدن به هدف باید ایجاد شود؟**

....

....

....

....

....

- **نیت مثبت شما در رابطه با این هدف چه چیزی است؟(رجوع شود به اصل ۱۱)**

....

....

....

....

....

- **هدفتان را با توجه به اصل ۱۲ به هدف‌های کوچکتر تقسیم‌بندی کنید.**

....

....

....

....

....

• برای هدفتان دیاگرام بکشید (توجه به اصل ۱۳، ۱٤، ۱٥، ۱٦ و ۷)

- تمامی جزئیات مثبت و منفی هدف را بنویسید و برای اتفاقات احتمالی منفی (توجه به اصل ۱۷) راهکارهای لازم را تعیین کنید.

....

....

....

....

....

....

....

....

....

- تمام راه‌های رسیدن به هدف بدون هیچ محدودیتی(اصل ۲۲) را بنویسید.

....

....

....

....

....

....

....

....

- **تصویری مناسب و واقعی از هر پله و هدف اصلی (قله نهایی) با توجه به اصل ۲۱ و ۲۲ بسازید.**

- **۳ فرد مناسب بر طبق ارزش‌هایتان را برای الگو و مدل انتخاب کنید.**

هدف ۳:

- **هدف را با توجه به اصل ۳، ٤ و ٥ بنویسید.**

- آیا هدفتان اکولوژیک است؟ (اصل ٦)
- بررسی نمایید که آیا این هدف تحت کنترل شما می‌باشد؟
- بررسی کنید که آیا هدفتان با درونتان سازگار است یا نه؟
- مقاومت درونی را بر اساس اصل ۹ بررسی کنید؟
- آیا هدفتان با ارزش‌هایتان در یک راستا است؟ (بررسی اصل ۱۰ بر اساس لیست اول ارزش‌ها)

سپس لیست دوم ارزش‌ها را در راستای هدف کنونی‌تان ایجاد کنید؟
چه ارزش‌هایی برای رسیدن به هدف باید ایجاد شود؟

....

....

....

....

....

- **نیت مثبت شما در رابطه با این هدف چه چیزی است؟(رجوع شود به اصل (۱۱)**

....

....

....

....

....

- **هدفتان را با توجه به اصل ۱۲ به هدف‌های کوچکتر تقسیم‌بندی کنید.**

....

....

....

....

....

- برای هدفتان دیاگرام بکشید (توجه به اصل ۱۳، ١٤، ١٥، ١٦ و ٧).

- تمامی جزئیات مثبت و منفی هدف را بنویسید و برای اتفاقات احتمالی منفی (توجه به اصل ۱۷) راهکارهای لازم را تعیین کنید.

....

....

....

....

....

....

....

....

....

- تمام راه‌های رسیدن به هدف بدون هیچ محدودیتی(اصل ۲۲) را بنویسید.

....

....

....

....

....

....

....

....

- **تصویری مناسب و واقعی از هر پله و هدف اصلی (قله نهایی) با توجه به اصل ۲۱ و ۲۲ بسازید.**

- **۳ فرد مناسب بر طبق ارزش‌هایتان را برای الگو و مدل انتخاب کنید.**

....

....

....

هدف ٤:

- **هدف را با توجه به اصل ۳، ٤ و ٥ بنویسید.**

....

- آیا هدفتان اکولوژیک است؟ (اصل ٦)
- بررسی نمایید که آیا این هدف تحت کنترل شما می‌باشد؟
- بررسی کنید که آیا هدفتان با درونتان سازگار است یا نه؟
- مقاومت درونی را بر اساس اصل ۹ بررسی کنید؟
- آیا هدفتان با ارزش‌هایتان در یک راستا است؟ (بررسی اصل ۱۰ بر اساس لیست اول ارزش‌ها)

سپس لیست دوم ارزش‌ها را در راستای هدف کنونی‌تان ایجاد کنید؟

چه ارزش‌هایی برای رسیدن به هدف باید ایجاد شود؟

....

....

• نیت مثبت شما در رابطه با این هدف چه چیزی است؟(رجوع شود به اصـل ۱۱)

....

....

....

....

....

....

....

....

• هدفتان را با توجه به اصل ۱۲ به هدف‌های کوچکتر تقسیم‌بندی کنید.

....

....

....

....

....

....

....

....

....

- برای هدفتان دیاگرام بکشید (توجه به اصل ۱۳، ١٤، ١٥، ١٦ و ۷).

• تمامی جزئیات مثبت و منفی هدف رابنویسید و برای اتفاقات احتمالی منفی (توجه به اصل ۱۷) راهکارهای لازم را تعیین کنید.

....

....

....

....

....

....

....

....

....

• تمام راه‌های رسیدن به هدف بدون هیچ محدودیتی(اصل ۲۲) رابنویسید.

....

....

....

....

....

....

....

....

- **تصویری مناسب و واقعی از هر پله و هدف اصلی (قله نهایی) با توجه به اصل ۲۱ و ۲۲ بسازید.**

- **۳ فرد مناسب بر طبق ارزش‌هایتان را برای الگو و مدل انتخاب کنید.**

....

....

....

هدف ۵:

- **هدف را با توجه به اصل ۳، ٤ و ۵ بنویسید.**

....

- آیا هدفتان اکولوژیک است؟ (اصل ٦)
- بررسی نمایید که آیا این هدف تحت کنترل شما می‌باشد؟
- بررسی کنید که آیا هدفتان با درونتان سازگار است یا نه؟
- مقاومت درونی را بر اساس اصل ۹ بررسی کنید؟
- آیا هدفتان با ارزش‌هایتان در یک راستا است؟ (بررسی اصل ۱۰ بر اساس لیست اول ارزش‌ها)

سپس لیست دوم ارزش‌ها را در راستای هدف کنونی‌تان ایجاد کنید؟
چه ارزش‌هایی برای رسیدن به هدف باید ایجاد شود؟

....

....

....

....

....

- **نیت مثبت شما در رابطه با این هدف چه چیزی است؟(رجوع شود به اصل ۱۱)**

....

....

....

....

....

- **هدفتان را با توجه به اصل ۱۲ به هدف‌های کوچکتر تقسیم‌بندی کنید.**

....

....

....

....

....

- برای هدفتان دیاگرام بکشید (توجه به اصل ۱۳، ۱٤، ۱٥، ١٦ و ۷).

- تمامی جزئیات مثبت و منفی هدف رابنویسید و برای اتفاقات احتمالی منفی (توجه به اصل ۱۷) راهکارهای لازم را تعین کنید.

....

....

....

....

....

....

....

....

....

- تمام راه‌های رسیدن به هدف بدون هیچ محدودیتی (اصل ۲۲) رابنویسید.

....

....

....

....

....

....

....

....

- **تصویری مناسب و واقعی از هر پله و هدف اصلی (قله نهایی) با توجه به اصل ۲۱ و ۲۲ بسازید.**

- **۳ فرد مناسب بر طبق ارزش‌هایتان را برای الگو و مدل انتخاب کنید.**

....

....

....

هدف ٦:

- **هدف را با توجه به اصل ۳، ٤ و ۵ بنویسید.**

....

- آیا هدفتان اکولوژیک است؟ (اصل ٦)
- بررسی نمایید که آیا این هدف تحت کنترل شما می‌باشد؟
- بررسی کنید که آیا هدفتان با درونتان سازگار است یا نه؟
- مقاومت درونی را بر اساس اصل ۹ بررسی کنید؟
- آیا هدفتان با ارزش‌هایتان در یک راستا است؟ (بررسی اصل ۱۰ بر اساس لیست اول ارزش‌ها)

سپس لیست دوم ارزش‌ها را در راستای هدف کنونی‌تان ایجاد کنید؟
چه ارزش‌هایی برای رسیدن به هدف باید ایجاد شود؟

....

....

....

....

....

- **نیت مثبت شما در رابطه با این هدف چه چیزی است؟ (رجوع شود به اصل ۱۱)**

....

....

....

....

....

- **هدفتان را با توجه به اصل ۱۲ به هدف‌های کوچکتر تقسیم‌بندی کنید.**

....

....

....

....

....

- برای هدفتان دیاگرام بکشید (توجه به اصل ۱۳، ١٤، ١٥، ١٦ و ٧)

- تمامی جزئیات مثبت و منفی هدف رابنویسید و برای اتفاقات احتمالی منفـی (توجه به اصل ۱۷) راهکارهای لازم را تعیین کنید.

....

....

....

....

....

....

....

....

....

- تمام راه‌های رسیدن به هدف بدون هیچ محدودیتی(اصل ۲۲) رابنویسید.

....

....

....

....

....

....

....

....

- **تصویری مناسب و واقعی از هر پله و هدف اصلی (قله نهایی) با توجه به اصل ۲۱ و ۲۲ بسازید.**

- **۳ فرد مناسب بر طبق ارزش‌هایتان را برای الگو و مدل انتخاب کنید.**

....

....

....

هدف ۷:

- **هدف را با توجه به اصل ۳، ٤ و ٥ بنویسید.**

....

- آیا هدفتان اکولوژیک است؟ (اصل ٦)
- بررسی نمایید که آیا این هدف تحت کنترل شما می‌باشد؟
- بررسی کنید که آیا هدفتان با درونتان سازگار است یا نه؟
- مقاومت درونی را بر اساس اصل ۹ بررسی کنید؟
- آیا هدفتان با ارزش‌هایتان در یک راستا است؟ (بررسی اصل ۱۰ بر اساس لیست اول ارزش‌ها)

سپس لیست دوم ارزش‌ها را در راستای هدف کنونی‌تان ایجاد کنید؟
چه ارزش‌هایی برای رسیدن به هدف باید ایجاد شود؟

....

....

....

....

....

- **نیت مثبت شما در رابطه با این هدف چه چیزی است؟(رجوع شود به اصل ۱۱)**

....

....

....

....

....

- **هدفتان را با توجه به اصل ۱۲ به هدف‌های کوچکتر تقسیم‌بندی کنید.**

....

....

....

....

....

- برای هدفتان دیاگرام بکشید (توجه به اصل ۱۳، ۱٤، ۱٥، ۱٦ و ۷).

• تمامی جزئیات مثبت و منفی هدف رابنویسید و برای اتفاقات احتمالی منفی (توجه به اصل ۱۷) راهکارهای لازم را تعیین کنید.

....

....

....

....

....

....

....

....

....

• تمام راه‌های رسیدن به هدف بدون هیچ محدودیتی(اصل ۲۲) رابنویسید.

....

....

....

....

....

....

....

....

- **تصویری مناسب و واقعی از هر پله و هدف اصلی (قله نهایی) با توجه به اصل ۲۱ و ۲۲ بسازید.**

- **۳ فرد مناسب بر طبق ارزش‌هایتان را برای الگو و مدل انتخاب کنید.**

....

....

....

هدف ۸

- **هدف را با توجه به اصل ۳، ٤ و ٥ بنویسید.**

....

- آیا هدفتان اکولوژیک است؟ (اصل ٦)
- بررسی نمایید که آیا این هدف تحت کنترل شما می‌باشد؟
- بررسی کنید که آیا هدفتان با درونتان سازگار است یا نه؟
- مقاومت درونی را بر اساس اصل ۹ بررسی کنید؟
- آیا هدفتان با ارزش‌هایتان در یک راستا است؟ (بررسی اصل ۱۰ بر اساس لیست اول ارزش‌ها)

سپس لیست دوم ارزش‌ها را در راستای هدف کنونی‌تان ایجاد کنید؟
چه ارزش‌هایی برای رسیدن به هدف باید ایجاد شود؟

....

....

....

....

....

- **نیت مثبت شما در رابطه با این هدف چه چیزی است؟(رجوع شود به اصل (۱۱)**

....

....

....

....

....

- **هدفتان را با توجه به اصل ۱۲ به هدف‌های کوچکتر تقسیم‌بندی کنید.**

....

....

....

....

....

• برای هدفتان دیاگرام بکشید (توجه به اصل ۱۳، ١٤، ١٥، ١٦ و ٧).

- تمامی جزئیات مثبت و منفی هدف رابنویسید و برای اتفاقات احتمالی منفی (توجه به اصل ۱۷) راهکارهای لازم را تعیین کنید.

....

....

....

....

....

....

....

....

....

- تمام راه‌های رسیدن به هدف بدون هیچ محدودیتی(اصل ۲۲) رابنویسید.

....

....

....

....

....

....

....

....

- **تصویری مناسب و واقعی از هر پله و هدف اصلی (قله نهایی) با توجه به اصل ۲۱ و ۲۲ بسازید.**

- **۳ فرد مناسب بر طبق ارزش‌هایتان را برای الگو و مدل انتخاب کنید.**

....

....

....

هدف ۹:

- **هدف را با توجه به اصل ۳، ٤ و ۵ بنویسید.**

....

- آیا هدفتان اکولوژیک است؟ (اصل ٦)
- بررسی نمایید که آیا این هدف تحت کنترل شما می‌باشد؟
- بررسی کنید که آیا هدفتان با درونتان سازگار است یا نه؟
- مقاومت درونی را بر اساس اصل ۹ بررسی کنید؟
- آیا هدفتان با ارزش‌هایتان در یک راستا است؟ (بررسی اصل ۱۰ بر اساس لیست اول ارزش‌ها)

سپس لیست دوم ارزش‌ها را در راستای هدف کنونی‌تان ایجاد کنید؟
چه ارزش‌هایی برای رسیدن به هدف باید ایجاد شود؟

....

....

....

....

....

- **نیت مثبت شما در رابطه با این هدف چه چیزی است؟(رجوع شود به اصل ۱۱)**

....

....

....

....

....

- **هدفتان را با توجه به اصل ۱۲ به هدف‌های کوچکتر تقسیم‌بندی کنید.**

....

....

....

....

....

- برای هدفتان دیاگرام بکشید (توجه به اصل ۱۳، ۱٤، ۱٥، ۱٦ و ۷).

- تمامی جزئیات مثبت و منفی هدف رابنویسید و برای اتفاقات احتمالی منفی (توجه به اصل ۱۷) راهکارهای لازم را تعیین کنید.

....

....

....

....

....

....

....

....

....

- تمام راه‌های رسیدن به هدف بدون هیچ محدودیتی(اصل ۲۲) رابنویسید.

....

....

....

....

....

....

....

....

- **تصویری مناسب و واقعی از هر پله و هدف اصلی (قله نهایی) با توجه به اصل ۲۱ و ۲۲ بسازید.**

- **۳ فرد مناسب بر طبق ارزش‌هایتان را برای الگو و مدل انتخاب کنید.**

....

....

....

هدف ۱۰:

- **هدف را با توجه به اصل ۳، ٤ و ٥ بنویسید.**

....

- آیا هدفتان اکولوژیک است؟ (اصل ٦)
- بررسی نمایید که آیا این هدف تحت کنترل شما می‌باشد؟
- بررسی کنید که آیا هدفتان با درونتان سازگار است یا نه؟
- مقاومت درونی را بر اساس اصل ۹ بررسی کنید؟
- آیا هدفتان با ارزش‌هایتان در یک راستا است؟ (بررسی اصل ۱۰ بر اساس لیست اول ارزش‌ها)

سپس لیست دوم ارزش‌ها را در راستای هدف کنونی‌تان ایجاد کنید؟
چه ارزش‌هایی برای رسیدن به هدف باید ایجاد شود؟

....

....

....

....

....

- **نیت مثبت شما در رابطه با این هدف چه چیزی است؟(رجوع شود به اصل ۱۱)**

....

....

....

....

....

- **هدفتان را با توجه به اصل ۱۲ به هدف‌های کوچکتر تقسیم‌بندی کنید.**

....

....

....

....

....

• برای هدفتان دیاگرام بکشید (توجه به اصل ۱۳، ١٤، ١٥، ١٦ و ۷).

• نوشتن تمامی جزئیات مثبت و منفی هدف رابنویسید و برای اتفاقات احتمالی منفی (توجه به اصل ۱۷) راهکارهای لازم را تعیین کنید.

....

....

....

....

....

....

....

....

....

• تمام راه‌های رسیدن به هدف بدون هیچ محدودیتی(اصل ۲۲) رابنویسید.

....

....

....

....

....

....

....

....

- **تصویری مناسب و واقعی از هر پله و هدف اصلی (قله نهایی) با توجه به اصل ۲۱ و ۲۲ بسازید.**

- **۳ فرد مناسب بر طبق ارزش‌هایتان را برای الگو و مدل انتخاب کنید.**

....

....

....

هدف ۱۱:

- **هدف را با توجه به اصل ۳، ٤ و ٥ بنویسید.**

....

- آیا هدفتان اکولوژیک است؟ (اصل ٦)
- بررسی نمایید که آیا این هدف تحت کنترل شما می‌باشد؟
- بررسی کنید که آیا هدفتان با درونتان سازگار است یا نه؟
- مقاومت درونی را بر اساس اصل ۹ بررسی کنید؟
- آیا هدفتان با ارزش‌هایتان در یک راستا است؟ (بررسی اصل ۱۰ بر اساس لیست اول ارزش‌ها)

سپس لیست دوم ارزش‌ها را در راستای هدف کنونی‌تان ایجاد کنید؟
چه ارزش‌هایی برای رسیدن به هدف باید ایجاد شود؟

....

....

....

....

....

- **نیت مثبت شما در رابطه با این هدف چه چیزی است؟(رجوع شود به اصل ۱۱)**

....

....

....

....

....

- **هدفتان را با توجه به اصل ۱۲ به هدف‌های کوچکتر تقسیم‌بندی کنید.**

....

....

....

....

....

• برای هدفتان دیاگرام بکشید (توجه به اصل ۱۳، ۱٤، ۱٥، ۱٦ و ۷).

• تمامی جزئیات مثبت و منفی هدف رابنویسید و برای اتفاقات احتمالی منفی (توجه به اصل ۱۷) راهکارهای لازم را تعیین کنید.

....

....

....

....

....

....

....

....

....

• تمام راه‌های رسیدن به هدف بدون هیچ محدودیتی(اصل ۲۲) رابنویسید.

....

....

....

....

....

....

....

....

- **تصویری مناسب و واقعی از هر پله و هدف اصلی (قله نهایی) با توجه به اصل ۲۱ و ۲۲ بسازید.**

- **۳ فرد مناسب بر طبق ارزش‌هایتان را برای الگو و مدل انتخاب کنید.**

....

....

....

هدف ۱۲:

- **هدف را با توجه به اصل ۳، ٤ و ٥ بنویسید.**

....

- آیا هدفتان اکولوژیک است؟ (اصل ٦)
- بررسی نمایید که آیا این هدف تحت کنترل شما می‌باشد؟
- بررسی کنید که آیا هدفتان با درونتان سازگار است یا نه؟
- مقاومت درونی را بر اساس اصل ۹ بررسی کنید؟
- آیا هدفتان با ارزش‌هایتان در یک راستا است؟ (بررسی اصل ۱۰ بر اساس لیست اول ارزش‌ها)

سپس لیست دوم ارزش‌ها را در راستای هدف کنونی‌تان ایجاد کنید؟

چه ارزش‌هایی برای رسیدن به هدف باید ایجاد شود؟

....

....

....

....

....

- **نیت مثبت شما در رابطه با این هدف چه چیزی است؟(رجوع شود به اصل ۱۱)**

....

....

....

....

....

- **هدفتان را با توجه به اصل ۱۲ به هدف‌های کوچکتر تقسیم‌بندی کنید.**

....

....

....

....

....

....

• برای هدفتان دیاگرام بکشید (توجه به اصل ۱۳، ١٤، ١٥، ١٦ و ۷).

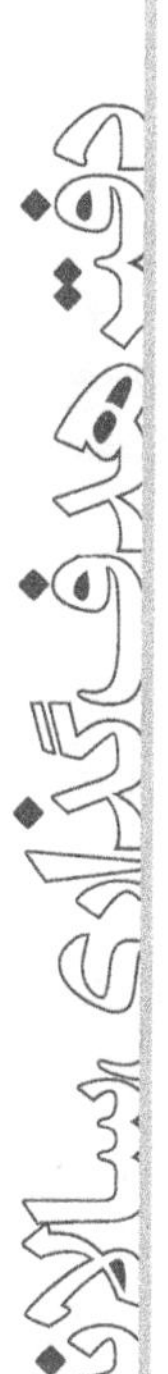

- تمامی جزئیات مثبت و منفی هدف رابنویسید و برای اتفاقات احتمالی منفی (توجه به اصل ۱۷) راهکارهای لازم را تعیین کنید.

....

....

....

....

....

....

....

....

....

- تمام راه‌های رسیدن به هدف بدون هیچ محدودیتی(اصل ۲۲) رابنویسید.

....

....

....

....

....

....

....

....

- **تصویری مناسب و واقعی از هر پله و هدف اصلی (قله نهایی) با توجه به اصل ۲۱ و ۲۲ بسازید.**

- **۳ فرد مناسب بر طبق ارزش‌هایتان را برای الگو و مدل انتخاب کنید.**

....

....

....

قدم ششم:

بعد از نوشتن دلایل، هر شب قبل از خواب و هر روز صبح به محض بیدار شدن، فقط دلایل را مطالعه کنید.

به این دلیل که وقتی به موضوعی زیاد فکر می‌کنید و قضیه انبساط رخ می‌دهد، از آن لحظه به بعد ذهن دنبال راهکار و ایده می‌گردد تا به شما در رسیدن به اهداف کمک کند.

قدم هفتم:

هر روز صبح اهدافتان را مرور کنید و حداقل یک کار کوچک برای آن انجام دهید.

چشم انداز

چه اهدافی را می‌خواهید در زندگی محقق کنید، و چه چیزهایی را می‌خوهید در آینده خلق کنید. ترسیم چشم‌انداز مانند پلی ما را به آینده متصل می‌کند. منجر به تعهد، امید و اراده بیشتری می‌گردد و تحمل و تاب‌آوری در برابر مسائل را بیشتر می‌کند.

از دو روش می‌توان برای ترسیم چشم‌انداز استفاده کرد:

۱. ابتدا اهداف بلندمدت و چشم‌اندازها را ترسیم کرده و سپس بر اساس آنها اهداف کوتاه‌مدت را برنامه‌ریزی می‌کنیم
۲. در مرحله نوشتن اهداف بر اساس NLP اهداف ۵ تا ۱۰ ساله را به عنوان چشم‌انداز در نظر بگیریم.

تفاوت چشم انداز با طرح الهی

اصطلاحا چشم‌انداز را پرسپکتیو و یا Vission و طرح الهی را ماموریت یا mission می‌نامند.

چشم‌انداز با طرح الهی و هدف متفاوت است. مثلاً گرفتن مدرک تخصص چشم‌پزشکی تا ۱۰ سال آینده، چشم‌انداز در نظر گرفته می‌شود، گرفتن مدرک دکترا تا ۷ سال آینده هدف و کمک به سلامتی دیگران طرح الهی هستند. منظور ما در داشتن چشم انداز این است که یک تصویر واضح و شفاف از هدف بلند مدتتان داشته بشید.

بررسی چشم‌انداز

در مراحل قبلی نوشتن تمامی اهداف انتخابی که صورت گرفت، فقط برای اهداف یک ساله بود، در این قسمت چشم‌اندازها و اهداف بلندمدت مورد توجه قرار می‌گیرند.

چشم‌انداز ۵ ساله

نوشتن مهمترین اهدافی که در مقابل آنها اعداد ۲، ۳، ٤ و ۵ قرار گرفته ست.

یعنی مهمترین اهدافتان را که می‌خواهید تا ۵ سال آینده به آن برسید را در این قسمت بنویسید.

چشم‌انداز ۱۰ ساله

نوشتن مهمترین اهدافی که در مقابل آنها اعداد ٦، ۷، ۸، ۹ و ۱۰ قرار گرفته است.

یعنی مهمترین اهدافتان را که می‌خواهید تا ۱۰ سال آینده به آن برسید را در این قسمت بنویسید.

....

....

....

....

....

....

....

....

....

....

....

....

....

....

....

....

....

باید حرکت کنید و قدم بردارید

اگر بخواهید دیگران را راضی کنید و بعد حرکت کنید، باید تا آخر عمر منتظر بمانید. اگر تمام مراحل قبل را انجام داده‌اید، لطفاً نگرانی‌ها را کنار بگذارید و اولین قدم را محکم بردارید.

لطفاً منتظر شرایط مناسب نمانید، با هر ابزاری که در اختیار دارید و در هر موقعیتی که هستید، شروع به حرکت کنید، وقتی حرکت کردید، ابزارهای بهتری در اختیارتان قرار می‌گیرد.

نتایج را مرتب بررسی کنید

هر ۶ ماه یک بار لطفاً نتایج را بررسی کنید که آیا به هدفتان نزدیک‌تر شده‌اید و یا از آن دور شده‌اید؟ اما در بررسی لطفاً دچار وسواس نگردید، در این دفترچه ما به شما کمک می‌کنیم تا با آرامش و در بهترین زمان نتایج را مرور و بررسی نمایید.

از مسیرتان لذت ببرید.

اگر بخواهید تمام تمرکزتان را فقط بر روی رسیدن به هدف بگذارید، از لذت‌های زیبای مسیر بی‌بهره خواهید شد.

یکی از مهمترین فواید هدف گذاری، خود مسیری است که به واسطه هدف‌گذاری طی می‌کنید، با افراد و موقعیت‌های جدید آشنا می‌شوید و رشد می‌کنید، شما به واسطه هدف‌گذاری به فرد متفاوتی تبدیل می‌گردید و این یکی از بزرگ‌ترین دستاوردهای ناشی از هدف‌گذاری است.

اصل تکامل شما در مسیر رسیدن به اهداف شکل می‌گیرد.

شاید قسمتی از کتاب **کیمیاگر** اثر **پائولو کوئیلیو** که در زیر آورده شده، بتواند در توصیف این مفهوم به شما کمک کند.

تاجری پسرش را برای آموختن راز خوشبختی نزد خردمندی فرستاد. پسر جوان چهل روز تمام در صحرا راه رفت تا این که سرانجام به قصری زیبا بر فراز قله کوهی رسید. مرد خردمندی که او در جست و جویش بود، آنجا زندگی می‌کرد.

به جای این که با یک مرد مقدس روبرو شود، وارد تالاری شد که جنب و جوش بسیاری در آن به چشم می‌خورد، فروشندگان وارد و خارج می‌شدند، مردم در گوشه ای گفتگو می‌کردند، ارکستر کوچکی موسیقی لطیفی می‌نواخت و روی یک میز انواع و اقسام خوراکی‌های لذیذ چیده شده بود،خردمند با این و آن در گفتگو بود و جوان ناچار شد دو ساعت صبر کند تا نوبتش فرارسد.

خردمند با دقت به سخنان مرد جوان که دلیل ملاقاتش را توضیح می‌داد، گوش کرد اما به او گفت که فعلاً وقت ندارد که راز خوشبختی را برایش فاش کند. پس به او پیشنهاد کرد که گردشی در قصر بکند و حدود دو ساعت دیگر به نزد او بازگردد.

مرد خردمند اضافه کرد:«اما از شما خواهشی دارم.» آنگاه یک قاشق کوچک به دست پسر جوان داد و دو قطره روغن در آن ریخت و گفت: «در تمام مدت گردش این قاشق را در دست داشته باشید و کاری کنید که روغن آن نریزد.»

مرد جوان شروع کرد به بالا و پایین کردن پله‌ها، در حالی که چشم از قاشق برنمی داشت. دو ساعت بعد نزد خردمند بازگشت.

مرد خردمند از او پرسید: «آیا فرش‌های ایرانی اتاق نهار خوری را دیدید؟ آیا اسناد و مدارک ارزشمند مرا که روی پوست آهو نگاشته شده، دیدید؟»

جوان با شرمساری اعتراف کرد که هیچ چیز ندیده، تنها فکر او این بوده که قطرات روغنی را که خردمند به او سپرده بود، حفظ کند.

خردمند گفت: خب، پس برگرد و شگفتی‌های دنیای من را بشناس. آدم نمی‌تواند به کسی اعتماد کند مگر این که خانه ای را که در آن سکونت دارد، بشناسد.

مرد جوان این بار به گردش در کاخ پرداخت، در حالی که همچنان قاشق را به

دست داشت. با دقت و توجه کامل آثار هنری را که زینت بخش دیوارها و سقف‌ها بود، می‌نگریست. او باغ‌ها را دید و کوهستان‌های اطراف را، ظرافت گل‌ها و دقتی که در نصب آثار هنری در جای مطلوب به کار رفته بود، تحسین کرد. وقتی که نزد خردمند بازگشت همه چیز را با جزئیات برای او تعریف کرد. خردمند پرسید: پس آن دو قطره روغنی که به تو سپردم، کجاست؟ مرد جوان قاشق را نگاه کرد و متوجه شد که آنها را ریخته است. آن وقت مرد خردمند به او گفت:

«راز خوشبختی این است که همه شگفتی‌های جهان را بنگری بدون این که دو قطره روغن داخل قاشق را فراموش کنی.»

چقدر طول می‌کشد تا به هدفمان برسیم؟

روزی لقمان در کنار چشمه‌ای نشسته بود. مردی که از آنجا می‌گذشت، از لقمان پرسید: "چند ساعت دیگر به ده بعدی خواهم رسید؟" لقمان گفت: "راه برو"

آن مرد پنداشت که لقمان نشنیده است. دوباره سؤال کرد: "مگر نشنیدی؟ پرسیدم چند ساعت دیگر به ده بعدی خواهم رسید؟" لقمان گفت: "راه برو"

آن مرد پنداشت که لقمان دیوانه است و رفتن را پیشه کرد. زمانی که چند قدمی راه رفته بود، لقمان با صدای بلند گفت: "ای مرد، یک ساعت دیگر بدان ده خواهی رسید."

مرد گفت: "چرا اول نگفتی؟" لقمان گفت: "چون راه رفتن تو را ندیده بودم، نمی‌دانستم تند می‌روی یا کند. حال که دیدم دانستم که تو یک ساعت دیگر به ده بعدی خواهی رسید." رسیدن به هدف با سرعت عمل و توانایی افراد رابطه‌ی مستقیم دارد. بعضی مواقع افرادی از شما می‌پرسند که آیا این کار شدنی است یا نه؟! بعضی مواقع افرادی از شما می‌پرسند که چند روزه یا چند ماهه می‌توان این کار را انجام

داد و به هدف رسید؟! جواب شما قطعا به این ربط دارد که شما بدانید که آن‌ها کیستند؟ و چه توانایی‌هایی دارند؟ و چگونه کار می‌کنند؟ بعد می‌توانید پیش‌بینی کنید که آیا می‌توانند این کار را بکنند یا نه! و چقدر طول می‌کشد که کار را تمام کنند.

پس همان طور که گفته شد: رسیدن به هدف با سرعت عمل و توانایی افراد رابطه مستقیم دارد...

تکنیک NLP برای رهایی از نگرانی هدف‌گذاری

تمرین سفر در زمان برای رهایی از نگرانی هدف گذاری

۱- در جایی آرام و ساکت قرار بگیرید تا با آرامش به اهدافتان فکر کنید.

۲- خطی روی کاغذ بکشید و در یک طرف آن نقطه شروع را مشخص نمایید و سپس نقطه‌ای که هدفتان در آن قرار دارد را نیز روی آن خط مشخص کنید.

۳- درباره ی مراحل مختلف سفر رسیدن به هدفتان فکر کنید و این مراحل را نیز روی خط مشخص کنید.

٤- حالا تجسم کنید که روی خط زمان به پرواز درآمده اید و بر فراز گذشته و آینده قرار گرفته اید.

۵- در حالی که هنوز بر فراز خط زمان هستید، به طرف آینده حرکت کنید تا بر فراز زمانی قرار بگیرید که به هدفتان دست یافته‌اید.

٦- به عقب بازگردید، به زمان حال نگاه کنید و اجازه دهید ذهن ناخودآگاه‌تان هر شکافی را که درباره اش فکر نکرده اید، در نقشه ی راه‌تان پر کند.

سپس این موارد را نیز به خط زمانتان اضافه کنید.

۷- اجازه دهید تمام رویدادهای مسیر رسیدن به هدفتان با هم هماهنگ شوند و همگی در جهت رسیدن به هدف مورد نظرتان شما را راهنمایی کنند.

تاریخ: ... / ... / ...

برنامه‌ریزی برای ۶ ماه آینده

ماه اول	ماه دوم
ماه سوم	**ماه چهارم**
ماه پنجم	**ماه ششم**

در این قسمت تمام اهدافی که باید در ٦ ماه به آنها برسید را یادداشت کنید.

یادداشت ویژه برای ٦ ماه آینده

....

....

....

....

....

....

....

....

....

....

....

....

....

....

....

....

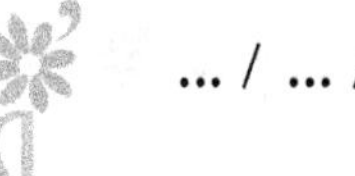

تاریخ: ... / ... / ...

برنامه‌ریزی برای ۶ ماه آینده

ماه اول	ماه دوم

ماه سوم	ماه چهارم

ماه پنجم	ماه ششم

در این قسمت تمام اهدافی که باید در ۶ ماه به آنها برسید را یادداشت کنید.

یادداشت ویژه برای ۶ ماه آینده

....

....

....

....

....

....

....

....

....

....

....

....

....

....

....

....

برنامەریزی ماهانە

برنامه‌ریزی ماهانه **ماه اول** تاریخ: ... / ... / ...

برنامه‌ریزی برای ماه آینده

در این قسمت تمام اهدافی که باید درهر هفته ماه آینده محقق کنید یادداشت کنید.

هفته اول	هفته دوم

هفته سوم	هفته چهارم

بررسی میزان دستیابی به اهداف در ماه گذشته

....

....

....

....

اصلاح اهداف و بررسی نقاط ضعف و نقاط قوت

....

....

....

....

تجربیات خاص ماه گذشته

....

....

....

....

یادداشت ماهانه

....

....

....

....

برنامه‌ریزی ماهانه **ماه دوم** **تاریخ: ... / ... / ...**

برنامه‌ریزی برای ماه آینده

در این قسمت تمام اهدافی که باید درهر هفته ماه آینده محقق کنید یادداشت کنید.

هفته اول	هفته دوم

هفته سوم	هفته چهارم

بررسی میزان دستیابی به اهداف در ماه گذشته

....

....

....

....

اصلاح اهداف و بررسی نقاط ضعف و نقاط قوت

....

....

....

....

تجربیات خاص ماه گذشته

....

....

....

....

یادداشت ماهانه

....

....

....

....

برنامه‌ریزی ماهانه **ماه سوم** تاریخ: ... / ... / ...

برنامه‌ریزی برای ماه آینده

در این قسمت تمام اهدافی که باید درهر هفته ماه آینده محقق کنید یادداشت کنید.

هفته اول	هفته دوم

هفته سوم	هفته چهارم

بررسی میزان دستیابی به اهداف در ماه گذشته

....

....

....

....

اصلاح اهداف و بررسی نقاط ضعف و نقاط قوت

....

....

....

....

تجربیات خاص ماه گذشته

....

....

....

....

یادداشت ماهانه

....

....

....

....

برنامه‌ریزی ماهانه **ماه چهارم** تاریخ: ... / ... / ...

برنامه‌ریزی برای ماه آینده

در این قسمت تمام اهدافی که باید درهر هفته ماه آینده محقق کنید یادداشت کنید.

هفته اول	هفته دوم

هفته سوم	هفته چهارم

بررسی میزان دستیابی به اهداف در ماه گذشته

....

....

....

....

اصلاح اهداف و بررسی نقاط ضعف و نقاط قوت

....

....

....

....

تجربیات خاص ماه گذشته

....

....

....

....

یادداشت ماهانه

....

....

....

....

برنامه‌ریزی ماهانه **ماه پنجم** تاریخ: ... / ... / ...

برنامه‌ریزی برای ماه آینده

در این قسمت تمام اهدافی که باید درهر هفته ماه آینده محقق کنید یادداشت کنید.

هفته اول	هفته دوم

هفته سوم	هفته چهارم

بررسی میزان دستیابی به اهداف در ماه گذشته

....

....

....

....

اصلاح اهداف و بررسی نقاط ضعف و نقاط قوت

....

....

....

....

تجربیات خاص ماه گذشته

....

....

....

....

یادداشت ماهانه

....

....

....

....

برنامه‌ریزی ماهانه **ماه ششم** **تاریخ: ... / ... / ...**

برنامه‌ریزی برای ماه آینده

در این قسمت تمام اهدافی که باید درهر هفته ماه آینده محقق کنید یادداشت کنید.

هفته اول	هفته دوم

هفته سوم	هفته چهارم

بررسی میزان دستیابی به اهداف در ماه گذشته

....

....

....

....

اصلاح اهداف و بررسی نقاط ضعف و نقاط قوت

....

....

....

....

تجربیات خاص ماه گذشته

....

....

....

....

یادداشت ماهانه

....

....

....

....

برنامه‌ریزی ماهانه **ماه هفتم** تاریخ: ... / ... / ...

برنامه‌ریزی برای ماه آینده

در این قسمت تمام اهدافی که باید درهر هفته ماه آینده محقق کنید یادداشت کنید.

هفته اول	هفته دوم

هفته سوم	هفته چهارم

بررسی میزان دستیابی به اهداف در ماه گذشته

....

....

....

....

اصلاح اهداف و بررسی نقاط ضعف و نقاط قوت

....

....

....

....

تجربیات خاص ماه گذشته

....

....

....

....

یادداشت ماهانه

....

....

....

....

برنامه‌ریزی ماهانه **ماه هشتم** تاریخ: ... / ... / ...

برنامه‌ریزی برای ماه آینده

در این قسمت تمام اهدافی که باید درهر هفته ماه آینده محقق کنید یادداشت کنید.

هفته اول	هفته دوم

هفته سوم	هفته چهارم

بررسی میزان دستیابی به اهداف در ماه گذشته

....

....

....

....

اصلاح اهداف و بررسی نقاط ضعف و نقاط قوت

....

....

....

....

تجربیات خاص ماه گذشته

....

....

....

....

یادداشت ماهانه

....

....

....

....

برنامه‌ریزی ماهانه **ماه نهم** **تاریخ: ... / ... / ...**

برنامه‌ریزی برای ماه آینده

در این قسمت تمام اهدافی که باید درهر هفته ماه آینده محقق کنید یادداشت کنید.

هفته اول	هفته دوم

هفته سوم	هفته چهارم

بررسی میزان دستیابی به اهداف در ماه گذشته

....

....

....

....

اصلاح اهداف و بررسی نقاط ضعف و نقاط قوت

....

....

....

....

تجربیات خاص ماه گذشته

....

....

....

....

یادداشت ماهانه

....

....

....

....

برنامه‌ریزی برای ماه آینده

در این قسمت تمام اهدافی که باید درهر هفته ماه آینده محقق کنید یادداشت کنید.

هفته اول	هفته دوم

هفته سوم	هفته چهارم

بررسی میزان دستیابی به اهداف در ماه گذشته

....

....

....

....

اصلاح اهداف و بررسی نقاط ضعف و نقاط قوت

....

....

....

....

تجربیات خاص ماه گذشته

....

....

....

....

یادداشت ماهانه

....

....

....

....

برنامه‌ریزی ماهانه **ماه یازدهم** تاریخ: ... / ... / ...

برنامه‌ریزی برای ماه آینده

در این قسمت تمام اهدافی که باید درهر هفته ماه آینده محقق کنید یادداشت کنید.

هفته اول	هفته دوم

هفته سوم	هفته چهارم

بررسی میزان دستیابی به اهداف در ماه گذشته

....

....

....

....

اصلاح اهداف و بررسی نقاط ضعف و نقاط قوت

....

....

....

....

تجربیات خاص ماه گذشته

....

....

....

....

یادداشت ماهانه

....

....

....

....

برنامه‌ریزی ماهانه **ماه دوازدهم** تاریخ: ... / ... / ...

برنامه‌ریزی برای ماه آینده

در این قسمت تمام اهدافی که باید درهر هفته ماه آینده محقق کنید یادداشت کنید.

هفته اول	هفته دوم

هفته سوم	هفته چهارم

بررسی میزان دستیابی به اهداف در ماه گذشته

....

....

....

....

اصلاح اهداف و بررسی نقاط ضعف و نقاط قوت

....

....

....

....

تجربیات خاص ماه گذشته

....

....

....

....

یادداشت ماهانه

....

....

....

....

برنامەریزی هفتگی

برنامه هفتگی

تاریخ: .../.../...

در این قسمت اهداف برنامه هفتگی خود را یادداشت کنید.

لیست برنامه هفتگی	بررسی و گزارش هفتگی

بررسی اهداف در هفته: در این قسمت اهداف روزانه خود را یادداشت کنید.

شنبه	یکشنبه	دوشنبه
سه‌شنبه	چهارشنبه	پنجشنبه
جمعه		

برنامه هفتگی

تاریخ: .../.../...

در این قسمت اهداف برنامه هفتگی خود را یادداشت کنید.

لیست برنامه هفتگی	بررسی و گزارش هفتگی

بررسی اهداف در هفته: در این قسمت اهداف روزانه خود را یادداشت کنید.

شنبه	یکشنبه	دوشنبه
سه‌شنبه	چهارشنبه	پنجشنبه
جمعه		

برنامه هفتگی

تاریخ: .../.../...

در این قسمت اهداف برنامه هفتگی خود را یادداشت کنید.

لیست برنامه هفتگی	بررسی و گزارش هفتگی

بررسی اهداف در هفته: در این قسمت اهداف روزانه خود را یادداشت کنید.

شنبه	یکشنبه	دوشنبه
سه‌شنبه	چهارشنبه	پنجشنبه
جمعه		

برنامه هفتگی

تاریخ: .../.../...

در این قسمت اهداف برنامه هفتگی خود را یادداشت کنید.

لیست برنامه هفتگی	بررسی و گزارش هفتگی

بررسی اهداف در هفته: در این قسمت اهداف روزانه خود را یادداشت کنید.

شنبه	یکشنبه	دوشنبه
سه‌شنبه	چهارشنبه	پنجشنبه
جمعه		

برنامه هفتگی

تاریخ: .../.../...

در این قسمت اهداف برنامه هفتگی خود را یادداشت کنید.

لیست برنامه هفتگی	بررسی و گزارش هفتگی

بررسی اهداف در هفته: در این قسمت اهداف روزانه خود را یادداشت کنید.

شنبه	یکشنبه	دوشنبه
سه‌شنبه	چهارشنبه	پنجشنبه
جمعه		

برنامه هفتگی

تاریخ: .../.../...

در این قسمت اهداف برنامه هفتگی خود را یادداشت کنید.

لیست برنامه هفتگی	بررسی و گزارش هفتگی

بررسی اهداف در هفته: در این قسمت اهداف روزانه خود را یادداشت کنید.

شنبه	یکشنبه	دوشنبه
سه‌شنبه	چهارشنبه	پنجشنبه
جمعه		

برنامه هفتگی

تاریخ: .../.../...

در این قسمت اهداف برنامه هفتگی خود را یادداشت کنید.

لیست برنامه هفتگی	بررسی و گزارش هفتگی

بررسی اهداف در هفته: در این قسمت اهداف روزانه خود را یادداشت کنید.

شنبه	یکشنبه	دوشنبه
سه‌شنبه	چهارشنبه	پنجشنبه
جمعه		

برنامه هفتگی

تاریخ: .../.../...

در این قسمت اهداف برنامه هفتگی خود را یادداشت کنید.

لیست برنامه هفتگی	بررسی و گزارش هفتگی

بررسی اهداف در هفته: در این قسمت اهداف روزانه خود را یادداشت کنید.

شنبه	یکشنبه	دوشنبه
سه‌شنبه	چهارشنبه	پنجشنبه
جمعه		

برنامه هفتگی

تاریخ: .../.../...

در این قسمت اهداف برنامه هفتگی خود را یادداشت کنید.

لیست برنامه هفتگی	بررسی و گزارش هفتگی

بررسی اهداف در هفته: در این قسمت اهداف روزانه خود را یادداشت کنید.

شنبه	یکشنبه	دوشنبه
سه‌شنبه	چهارشنبه	پنجشنبه
جمعه		

برنامه هفتگی

تاریخ: .../.../...

در این قسمت اهداف برنامه هفتگی خود را یادداشت کنید.

لیست برنامه هفتگی	بررسی و گزارش هفتگی

بررسی اهداف در هفته: در این قسمت اهداف روزانه خود را یادداشت کنید.

شنبه	یکشنبه	دوشنبه
سه‌شنبه	چهارشنبه	پنجشنبه
جمعه		

برنامه هفتگی

تاریخ: .../.../...

در این قسمت اهداف برنامه هفتگی خود را یادداشت کنید.

لیست برنامه هفتگی	بررسی و گزارش هفتگی

بررسی اهداف در هفته: در این قسمت اهداف روزانه خود را یادداشت کنید.

شنبه	یکشنبه	دوشنبه
سه‌شنبه	چهارشنبه	پنجشنبه
جمعه		

برنامه هفتگی

تاریخ: .../.../...

در این قسمت اهداف برنامه هفتگی خود را یادداشت کنید.

لیست برنامه هفتگی	بررسی و گزارش هفتگی

بررسی اهداف در هفته: در این قسمت اهداف روزانه خود را یادداشت کنید.

شنبه	یکشنبه	دوشنبه
سه‌شنبه	چهارشنبه	پنجشنبه
جمعه		

برنامه هفتگی

تاریخ: .../.../...

در این قسمت اهداف برنامه هفتگی خود را یادداشت کنید.

لیست برنامه هفتگی	بررسی و گزارش هفتگی

بررسی اهداف در هفته: در این قسمت اهداف روزانه خود را یادداشت کنید.

شنبه	یکشنبه	دوشنبه
سه‌شنبه	چهارشنبه	پنجشنبه
جمعه		

برنامه هفتگی

تاریخ: .../.../...

در این قسمت اهداف برنامه هفتگی خود را یادداشت کنید.

لیست برنامه هفتگی	بررسی و گزارش هفتگی

بررسی اهداف در هفته: در این قسمت اهداف روزانه خود را یادداشت کنید.

شنبه	یکشنبه	دوشنبه
سه‌شنبه	چهارشنبه	پنجشنبه
جمعه		

برنامه هفتگی

تاریخ: .../.../...

در این قسمت اهداف برنامه هفتگی خود را یادداشت کنید.

لیست برنامه هفتگی	بررسی و گزارش هفتگی

بررسی اهداف در هفته: در این قسمت اهداف روزانه خود را یادداشت کنید.

شنبه	یکشنبه	دوشنبه
سه‌شنبه	چهارشنبه	پنجشنبه
جمعه		

برنامه هفتگی

تاریخ: .../.../...

در این قسمت اهداف برنامه هفتگی خود را یادداشت کنید.

لیست برنامه هفتگی	بررسی و گزارش هفتگی

بررسی اهداف در هفته: در این قسمت اهداف روزانه خود را یادداشت کنید.

شنبه	یکشنبه	دوشنبه
سه‌شنبه	چهارشنبه	پنجشنبه
جمعه		

برنامه هفتگی

تاریخ: .../.../...

در این قسمت اهداف برنامه هفتگی خود را یادداشت کنید.

لیست برنامه هفتگی	بررسی و گزارش هفتگی

بررسی اهداف در هفته: در این قسمت اهداف روزانه خود را یادداشت کنید.

شنبه	یکشنبه	دوشنبه
سه‌شنبه	چهارشنبه	پنجشنبه
جمعه		

برنامه هفتگی

تاریخ: .../.../...

در این قسمت اهداف برنامه هفتگی خود را یادداشت کنید.

لیست برنامه هفتگی	بررسی و گزارش هفتگی

بررسی اهداف در هفته: در این قسمت اهداف روزانه خود را یادداشت کنید.

شنبه	یکشنبه	دوشنبه
سه‌شنبه	چهارشنبه	پنجشنبه
جمعه		

برنامه هفتگی

تاریخ: .../.../...

در این قسمت اهداف برنامه هفتگی خود را یادداشت کنید.

لیست برنامه هفتگی	بررسی و گزارش هفتگی

بررسی اهداف در هفته: در این قسمت اهداف روزانه خود را یادداشت کنید.

شنبه	یکشنبه	دوشنبه
سه‌شنبه	چهارشنبه	پنجشنبه
جمعه		

برنامه هفتگی

تاریخ: .../.../...

در این قسمت اهداف برنامه هفتگی خود را یادداشت کنید.

لیست برنامه هفتگی	بررسی و گزارش هفتگی

بررسی اهداف در هفته: در این قسمت اهداف روزانه خود را یادداشت کنید.

شنبه	یکشنبه	دوشنبه
سه‌شنبه	چهارشنبه	پنجشنبه
جمعه		

برنامه هفتگی

تاریخ: .../.../...

در این قسمت اهداف برنامه هفتگی خود را یادداشت کنید.

لیست برنامه هفتگی	بررسی و گزارش هفتگی

بررسی اهداف در هفته: در این قسمت اهداف روزانه خود را یادداشت کنید.

شنبه	یکشنبه	دوشنبه
سه‌شنبه	چهارشنبه	پنجشنبه
جمعه		

برنامه هفتگی

تاریخ: .../.../...

در این قسمت اهداف برنامه هفتگی خود را یادداشت کنید.

لیست برنامه هفتگی	بررسی و گزارش هفتگی

بررسی اهداف در هفته: در این قسمت اهداف روزانه خود را یادداشت کنید.

شنبه	یکشنبه	دوشنبه
سه‌شنبه	چهارشنبه	پنجشنبه
جمعه		

برنامه هفتگی

تاریخ: .../.../...

در این قسمت اهداف برنامه هفتگی خود را یادداشت کنید.

لیست برنامه هفتگی	بررسی و گزارش هفتگی

بررسی اهداف در هفته: در این قسمت اهداف روزانه خود را یادداشت کنید.

شنبه	یکشنبه	دوشنبه
سه‌شنبه	چهارشنبه	پنجشنبه
جمعه		

برنامه هفتگی

تاریخ: .../.../...

در این قسمت اهداف برنامه هفتگی خود را یادداشت کنید.

لیست برنامه هفتگی	بررسی و گزارش هفتگی

بررسی اهداف در هفته: در این قسمت اهداف روزانه خود را یادداشت کنید.

شنبه	یکشنبه	دوشنبه
سه‌شنبه	چهارشنبه	پنجشنبه
جمعه		

برنامه هفتگی

تاریخ: .../.../...

در این قسمت اهداف برنامه هفتگی خود را یادداشت کنید.

لیست برنامه هفتگی	بررسی و گزارش هفتگی

بررسی اهداف در هفته: در این قسمت اهداف روزانه خود را یادداشت کنید.

شنبه	یکشنبه	دوشنبه
سه‌شنبه	چهارشنبه	پنجشنبه
جمعه		

برنامه هفتگی

تاریخ: .../.../...

در این قسمت اهداف برنامه هفتگی خود را یادداشت کنید.

لیست برنامه هفتگی	بررسی و گزارش هفتگی

بررسی اهداف در هفته: در این قسمت اهداف روزانه خود را یادداشت کنید.

شنبه	یکشنبه	دوشنبه
سه‌شنبه	چهارشنبه	پنجشنبه
جمعه		

برنامه هفتگی

تاریخ: .../.../...

در این قسمت اهداف برنامه هفتگی خود را یادداشت کنید.

لیست برنامه هفتگی	بررسی و گزارش هفتگی

بررسی اهداف در هفته: در این قسمت اهداف روزانه خود را یادداشت کنید.

شنبه	یکشنبه	دوشنبه
سه‌شنبه	چهارشنبه	پنجشنبه
جمعه		

برنامه هفتگی

تاریخ: .../.../...

در این قسمت اهداف برنامه هفتگی خود را یادداشت کنید.

لیست برنامه هفتگی	بررسی و گزارش هفتگی

بررسی اهداف در هفته: در این قسمت اهداف روزانه خود را یادداشت کنید.

شنبه	یکشنبه	دوشنبه
سه‌شنبه	چهارشنبه	پنجشنبه
جمعه		

برنامه هفتگی

تاریخ: .../.../...

در این قسمت اهداف برنامه هفتگی خود را یادداشت کنید.

لیست برنامه هفتگی	بررسی و گزارش هفتگی

بررسی اهداف در هفته: در این قسمت اهداف روزانه خود را یادداشت کنید.

شنبه	یکشنبه	دوشنبه
سه‌شنبه	چهارشنبه	پنجشنبه
جمعه		

برنامه هفتگی

تاریخ: .../.../...

در این قسمت اهداف برنامه هفتگی خود را یادداشت کنید.

لیست برنامه هفتگی	بررسی و گزارش هفتگی

بررسی اهداف در هفته: در این قسمت اهداف روزانه خود را یادداشت کنید.

شنبه	یکشنبه	دوشنبه
سه‌شنبه	چهارشنبه	پنجشنبه
جمعه		

برنامه هفتگی

تاریخ: .../.../...

در این قسمت اهداف برنامه هفتگی خود را یادداشت کنید.

لیست برنامه هفتگی	بررسی و گزارش هفتگی

بررسی اهداف در هفته: در این قسمت اهداف روزانه خود را یادداشت کنید.

شنبه	یکشنبه	دوشنبه
سه‌شنبه	چهارشنبه	پنجشنبه
جمعه		

برنامه هفتگی

تاریخ: .../.../...

در این قسمت اهداف برنامه هفتگی خود را یادداشت کنید.

لیست برنامه هفتگی	بررسی و گزارش هفتگی

بررسی اهداف در هفته: در این قسمت اهداف روزانه خود را یادداشت کنید.

شنبه	یکشنبه	دوشنبه
سه‌شنبه	چهارشنبه	پنجشنبه
جمعه		

برنامه هفتگی

تاریخ: .../.../...

در این قسمت اهداف برنامه هفتگی خود را یادداشت کنید.

لیست برنامه هفتگی	بررسی و گزارش هفتگی

بررسی اهداف در هفته: در این قسمت اهداف روزانه خود را یادداشت کنید.

شنبه	یکشنبه	دوشنبه
سه‌شنبه	چهارشنبه	پنجشنبه
جمعه		

برنامه هفتگی

تاریخ: .../.../...

در این قسمت اهداف برنامه هفتگی خود را یادداشت کنید.

لیست برنامه هفتگی	بررسی و گزارش هفتگی

بررسی اهداف در هفته: در این قسمت اهداف روزانه خود را یادداشت کنید.

شنبه	یکشنبه	دوشنبه
سه‌شنبه	چهارشنبه	پنجشنبه
جمعه		

برنامه هفتگی

تاریخ: .../.../...

در این قسمت اهداف برنامه هفتگی خود را یادداشت کنید.

لیست برنامه هفتگی	بررسی و گزارش هفتگی

بررسی اهداف در هفته: در این قسمت اهداف روزانه خود را یادداشت کنید.

شنبه	یکشنبه	دوشنبه
سه‌شنبه	چهارشنبه	پنجشنبه
جمعه		

برنامه هفتگی

تاریخ: .../.../...

در این قسمت اهداف برنامه هفتگی خود را یادداشت کنید.

لیست برنامه هفتگی	بررسی و گزارش هفتگی

بررسی اهداف در هفته: در این قسمت اهداف روزانه خود را یادداشت کنید.

شنبه	یکشنبه	دوشنبه
سه‌شنبه	چهارشنبه	پنجشنبه
جمعه		

برنامه هفتگی

تاریخ: .../.../...

در این قسمت اهداف برنامه هفتگی خود را یادداشت کنید.

لیست برنامه هفتگی	بررسی و گزارش هفتگی

بررسی اهداف در هفته: در این قسمت اهداف روزانه خود را یادداشت کنید.

شنبه	یکشنبه	دوشنبه
سه‌شنبه	چهارشنبه	پنجشنبه
جمعه		

برنامه هفتگی

تاریخ: .../.../...

در این قسمت اهداف برنامه هفتگی خود را یادداشت کنید.

لیست برنامه هفتگی	بررسی و گزارش هفتگی

بررسی اهداف در هفته: در این قسمت اهداف روزانه خود را یادداشت کنید.

شنبه	یکشنبه	دوشنبه
سه‌شنبه	چهارشنبه	پنجشنبه
جمعه		

برنامه هفتگی

تاریخ: .../.../...

در این قسمت اهداف برنامه هفتگی خود را یادداشت کنید.

لیست برنامه هفتگی	بررسی و گزارش هفتگی

بررسی اهداف در هفته: در این قسمت اهداف روزانه خود را یادداشت کنید.

شنبه	یکشنبه	دوشنبه
سه‌شنبه	چهارشنبه	پنجشنبه
جمعه		

برنامه هفتگی

تاریخ: .../.../...

در این قسمت اهداف برنامه هفتگی خود را یادداشت کنید.

لیست برنامه هفتگی	بررسی و گزارش هفتگی

بررسی اهداف در هفته: در این قسمت اهداف روزانه خود را یادداشت کنید.

شنبه	یکشنبه	دوشنبه
سه‌شنبه	چهارشنبه	پنجشنبه
جمعه		

برنامه هفتگی

تاریخ: .../.../...

در این قسمت اهداف برنامه هفتگی خود را یادداشت کنید.

لیست برنامه هفتگی	بررسی و گزارش هفتگی

بررسی اهداف در هفته: در این قسمت اهداف روزانه خود را یادداشت کنید.

شنبه	یکشنبه	دوشنبه
سه‌شنبه	چهارشنبه	پنجشنبه
جمعه		

برنامه هفتگی

تاریخ: .../.../...

در این قسمت اهداف برنامه هفتگی خود را یادداشت کنید.

لیست برنامه هفتگی	بررسی و گزارش هفتگی

بررسی اهداف در هفته: در این قسمت اهداف روزانه خود را یادداشت کنید.

شنبه	یکشنبه	دوشنبه
سه‌شنبه	چهارشنبه	پنجشنبه
جمعه		

برنامه هفتگی

تاریخ: .../.../...

در این قسمت اهداف برنامه هفتگی خود را یادداشت کنید.

لیست برنامه هفتگی	بررسی و گزارش هفتگی

بررسی اهداف در هفته: در این قسمت اهداف روزانه خود را یادداشت کنید.

شنبه	یکشنبه	دوشنبه
سه‌شنبه	چهارشنبه	پنجشنبه
جمعه		

برنامه هفتگی

تاریخ: .../.../...

در این قسمت اهداف برنامه هفتگی خود را یادداشت کنید.

لیست برنامه هفتگی	بررسی و گزارش هفتگی

بررسی اهداف در هفته: در این قسمت اهداف روزانه خود را یادداشت کنید.

شنبه	یکشنبه	دوشنبه
سه‌شنبه	چهارشنبه	پنجشنبه
جمعه		

برنامه هفتگی

تاریخ: .../.../...

در این قسمت اهداف برنامه هفتگی خود را یادداشت کنید.

لیست برنامه هفتگی	بررسی و گزارش هفتگی

بررسی اهداف در هفته: در این قسمت اهداف روزانه خود را یادداشت کنید.

شنبه	یکشنبه	دوشنبه
سه‌شنبه	چهارشنبه	پنجشنبه
جمعه		

برنامه هفتگی

تاریخ: .../.../...

در این قسمت اهداف برنامه هفتگی خود را یادداشت کنید.

لیست برنامه هفتگی	بررسی و گزارش هفتگی

بررسی اهداف در هفته: در این قسمت اهداف روزانه خود را یادداشت کنید.

شنبه	یکشنبه	دوشنبه
سه‌شنبه	چهارشنبه	پنجشنبه
جمعه		

برنامه هفتگی

تاریخ: .../.../...

در این قسمت اهداف برنامه هفتگی خود را یادداشت کنید.

لیست برنامه هفتگی	بررسی و گزارش هفتگی

بررسی اهداف در هفته: در این قسمت اهداف روزانه خود را یادداشت کنید.

شنبه	یکشنبه	دوشنبه
سه‌شنبه	چهارشنبه	پنجشنبه
جمعه		

برنامه هفتگی

تاریخ: .../.../...

در این قسمت اهداف برنامه هفتگی خود را یادداشت کنید.

لیست برنامه هفتگی	بررسی و گزارش هفتگی

بررسی اهداف در هفته: در این قسمت اهداف روزانه خود را یادداشت کنید.

شنبه	یکشنبه	دوشنبه
سه‌شنبه	چهارشنبه	پنجشنبه
جمعه		

برنامه هفتگی

تاریخ: .../.../...

در این قسمت اهداف برنامه هفتگی خود را یادداشت کنید.

لیست برنامه هفتگی	بررسی و گزارش هفتگی

بررسی اهداف در هفته: در این قسمت اهداف روزانه خود را یادداشت کنید.

شنبه	یکشنبه	دوشنبه
سه‌شنبه	چهارشنبه	پنجشنبه
جمعه		

برنامه هفتگی

تاریخ: .../.../...

در این قسمت اهداف برنامه هفتگی خود را یادداشت کنید.

لیست برنامه هفتگی	بررسی و گزارش هفتگی

بررسی اهداف در هفته: در این قسمت اهداف روزانه خود را یادداشت کنید.

شنبه	یکشنبه	دوشنبه
سه‌شنبه	چهارشنبه	پنجشنبه
جمعه		

برنامه هفتگی

تاریخ: .../.../...

در این قسمت اهداف برنامه هفتگی خود را یادداشت کنید.

لیست برنامه هفتگی	بررسی و گزارش هفتگی

بررسی اهداف در هفته: در این قسمت اهداف روزانه خود را یادداشت کنید.

شنبه	یکشنبه	دوشنبه
سه‌شنبه	چهارشنبه	پنجشنبه
جمعه		

برنامه هفتگی

تاریخ: .../.../...

در این قسمت اهداف برنامه هفتگی خود را یادداشت کنید.

لیست برنامه هفتگی	بررسی و گزارش هفتگی

بررسی اهداف در هفته: در این قسمت اهداف روزانه خود را یادداشت کنید.

شنبه	یکشنبه	دوشنبه
سه‌شنبه	چهارشنبه	پنجشنبه
جمعه		

برنامەریزی روزانه

جمله تاکیدی امروز: ....

تاریخ: ... / ... / ...

برنامه‌ریزی روزانه

ساعت	کارهای روزانه	نتیجه	ساعت	کارهای روزانه	نتیجه
در این قسمت کارهای روزانه خود را یادداشت کنید.					

قدم‌های کوچکی که امروز برای رسیدن به اهداف بزرگم برمی‌دارم ....

لذت‌های امروزم : ....

یادداشت‌های روزانه : ....

جمله تاکیدی امروز: ....

تاریخ: ... / ... / ...

برنامه‌ریزی روزانه

ساعت	کارهای روزانه	نتیجه	ساعت	کارهای روزانه	نتیجه
در این قسمت کارهای روزانه خود را یادداشت کنید.					

قدم‌های کوچکی که امروز برای رسیدن به اهداف بزرگم برمی‌دارم ....

لذت‌های امروزم : ....

یادداشت‌های روزانه : ....

جمله تاکیدی امروز: ....

تاریخ: ... / ... / ...

برنامه‌ریزی روزانه

در این قسمت کارهای روزانه خود را یادداشت کنید.

ساعت	کارهای روزانه	نتیجه	ساعت	کارهای روزانه	نتیجه

قدم‌های کوچکی که امروز برای رسیدن به اهداف بزرگم برمی‌دارم ....

لذت‌های امروزم : ....

یادداشت‌های روزانه : ....

جمله تاکیدی امروز: ....

تاریخ: ... / ... / ...

برنامه‌ریزی روزانه

در این قسمت کارهای روزانه خود را یادداشت کنید.

ساعت	کارهای روزانه	نتیجه	ساعت	کارهای روزانه	نتیجه

قدم‌های کوچکی که امروز برای رسیدن به اهداف بزرگم برمی‌دارم ....

لذت‌های امروزم : ....

یادداشت‌های روزانه : ....

جمله تاکیدی امروز: ....

تاریخ: ... / ... / ...

برنامه‌ریزی روزانه

ساعت	کارهای روزانه	نتیجه	ساعت	کارهای روزانه	نتیجه	قدم‌های کوچکی که امروز برای رسیدن به اهداف بزرگم برمی‌دارم
در این قسمت کارهای روزانه خود را یادداشت کنید.						....

لذت‌های امروزم : ....

یادداشت‌های روزانه : ....

جمله تاکیدی امروز: ....

تاریخ: ... / ... / ...

برنامه‌ریزی روزانه

ساعت	کارهای روزانه	نتیجه	ساعت	کارهای روزانه	نتیجه	قدم‌های کوچکی که امروز برای رسیدن به اهداف بزرگم برمی‌دارم
در این قسمت کارهای روزانه خود را یادداشت کنید.						....

لذت‌های امروزم : ....

یادداشت‌های روزانه : ....

جمله تاکیدی امروز:...

تاریخ: ... / ... / ...

برنامه‌ریزی روزانه

قدم‌های کوچکی که امروز برای رسیدن به اهداف بزرگم برمی‌دارم	در این قسمت کارهای روزانه خود را یادداشت کنید.					
....	نتیجه	کارهای روزانه	ساعت	نتیجه	کارهای روزانه	ساعت

لذت‌های امروزم :...

یادداشت‌های روزانه :...

جمله تاکیدی امروز:...

تاریخ: ... / ... / ...

برنامه‌ریزی روزانه

قدم‌های کوچکی که امروز برای رسیدن به اهداف بزرگم برمی‌دارم	در این قسمت کارهای روزانه خود را یادداشت کنید.					
....	نتیجه	کارهای روزانه	ساعت	نتیجه	کارهای روزانه	ساعت

لذت‌های امروزم :...

یادداشت‌های روزانه :...

جمله تاکیدی امروز: ....

تاریخ: ... / ... / ...

برنامه‌ریزی روزانه

قدم‌های کوچکی که امروز برای رسیدن به اهداف بزرگم برمی‌دارم

....

در این قسمت کارهای روزانه خود را یادداشت کنید.					
ساعت	کارهای روزانه	نتیجه	ساعت	کارهای روزانه	نتیجه

لذت‌های امروزم : ....

یادداشت‌های روزانه : ....

جمله تاکیدی امروز: ....

تاریخ: ... / ... / ...

برنامه‌ریزی روزانه

قدم‌های کوچکی که امروز برای رسیدن به اهداف بزرگم برمی‌دارم

....

در این قسمت کارهای روزانه خود را یادداشت کنید.					
ساعت	کارهای روزانه	نتیجه	ساعت	کارهای روزانه	نتیجه

لذت‌های امروزم : ....

یادداشت‌های روزانه : ....

جمله تاکیدی امروز: ....

تاریخ: ... / ... / ...

برنامه‌ریزی روزانه

قدم‌های کوچکی که امروز برای رسیدن به اهداف بزرگم برمی‌دارم ....

در این قسمت کارهای روزانه خود را یادداشت کنید.					
ساعت	کارهای روزانه	نتیجه	ساعت	کارهای روزانه	نتیجه

لذت‌های امروزم : ....

یادداشت‌های روزانه : ....

جمله تاکیدی امروز: ....

تاریخ: ... / ... / ...

برنامه‌ریزی روزانه

قدم‌های کوچکی که امروز برای رسیدن به اهداف بزرگم برمی‌دارم ....

در این قسمت کارهای روزانه خود را یادداشت کنید.					
ساعت	کارهای روزانه	نتیجه	ساعت	کارهای روزانه	نتیجه

لذت‌های امروزم : ....

یادداشت‌های روزانه : ....

جمله تاکیدی امروز: ....

تاریخ: ... / ... / ...

برنامه‌ریزی روزانه

در این قسمت کارهای روزانه خود را یادداشت کنید.						قدم‌های کوچکی که امروز برای رسیدن به اهداف بزرگم برمی‌دارم
ساعت	کارهای روزانه	نتیجه	ساعت	کارهای روزانه	نتیجه	....

لذت‌های امروزم : ....

یادداشت‌های روزانه : ....

جمله تاکیدی امروز: ....

تاریخ: ... / ... / ...

برنامه‌ریزی روزانه

در این قسمت کارهای روزانه خود را یادداشت کنید.						قدم‌های کوچکی که امروز برای رسیدن به اهداف بزرگم برمی‌دارم
ساعت	کارهای روزانه	نتیجه	ساعت	کارهای روزانه	نتیجه	....

لذت‌های امروزم : ....

یادداشت‌های روزانه : ....

جمله تاکیدی امروز: ....

تاریخ: ... / ... / ...

برنامه‌ریزی روزانه

در این قسمت کارهای روزانه خود را یادداشت کنید.					
ساعت	کارهای روزانه	نتیجه	ساعت	کارهای روزانه	نتیجه

قدم‌های کوچکی که امروز برای رسیدن به اهداف بزرگم برمی‌دارم ....

لذت‌های امروزم : ....

یادداشت‌های روزانه : ....

جمله تاکیدی امروز: ....

تاریخ: ... / ... / ...

برنامه‌ریزی روزانه

در این قسمت کارهای روزانه خود را یادداشت کنید.					
ساعت	کارهای روزانه	نتیجه	ساعت	کارهای روزانه	نتیجه

قدم‌های کوچکی که امروز برای رسیدن به اهداف بزرگم برمی‌دارم ....

لذت‌های امروزم : ....

یادداشت‌های روزانه : ....

جمله تاکیدی امروز: ....

تاریخ: ... / ... / ...

برنامه‌ریزی روزانه

ساعت	کارهای روزانه	نتیجه	ساعت	کارهای روزانه	نتیجه	قدم‌های کوچکی که امروز برای رسیدن به اهداف بزرگم برمی‌دارم
در این قسمت کارهای روزانه خود را یادداشت کنید.						....

لذت‌های امروزم : ....

یادداشت‌های روزانه : ....

جمله تاکیدی امروز: ....

تاریخ: ... / ... / ...

برنامه‌ریزی روزانه

ساعت	کارهای روزانه	نتیجه	ساعت	کارهای روزانه	نتیجه	قدم‌های کوچکی که امروز برای رسیدن به اهداف بزرگم برمی‌دارم
در این قسمت کارهای روزانه خود را یادداشت کنید.						....

لذت‌های امروزم : ....

یادداشت‌های روزانه : ....

جمله تاکیدی امروز: ....

تاریخ: ... / ... / ...

برنامه‌ریزی روزانه

قدم‌های کوچکی که امروز برای رسیدن به اهداف بزرگم برمی‌دارم	در این قسمت کارهای روزانه خود را یادداشت کنید.					
	ساعت	کارهای روزانه	نتیجه	ساعت	کارهای روزانه	نتیجه

لذت‌های امروزم : ....

یادداشت‌های روزانه : ....

جمله تاکیدی امروز: ....

تاریخ: ... / ... / ...

برنامه‌ریزی روزانه

قدم‌های کوچکی که امروز برای رسیدن به اهداف بزرگم برمی‌دارم	در این قسمت کارهای روزانه خود را یادداشت کنید.					
	ساعت	کارهای روزانه	نتیجه	ساعت	کارهای روزانه	نتیجه

لذت‌های امروزم : ....

یادداشت‌های روزانه : ....

جمله تاکیدی امروز: ....

تاریخ: ... / ... / ...

برنامه‌ریزی روزانه

ساعت	کارهای روزانه	نتیجه	ساعت	کارهای روزانه	نتیجه
در این قسمت کارهای روزانه خود را یادداشت کنید.					

قدم‌های کوچکی که امروز برای رسیدن به اهداف بزرگم برمی‌دارم ....

لذت‌های امروزم : ....

یادداشت‌های روزانه : ....

جمله تاکیدی امروز: ....

تاریخ: ... / ... / ...

برنامه‌ریزی روزانه

ساعت	کارهای روزانه	نتیجه	ساعت	کارهای روزانه	نتیجه
در این قسمت کارهای روزانه خود را یادداشت کنید.					

قدم‌های کوچکی که امروز برای رسیدن به اهداف بزرگم برمی‌دارم ....

لذت‌های امروزم : ....

یادداشت‌های روزانه : ....

جمله تاکیدی امروز: ....

تاریخ: ... / ... / ...

برنامه‌ریزی روزانه

ساعت	کارهای روزانه	نتیجه	ساعت	کارهای روزانه	نتیجه
در این قسمت کارهای روزانه خود را یادداشت کنید.					

قدم‌های کوچکی که امروز برای رسیدن به اهداف بزرگم برمی‌دارم ....

لذت‌های امروزم : ....

یادداشت‌های روزانه : ....

جمله تاکیدی امروز: ....

تاریخ: ... / ... / ...

برنامه‌ریزی روزانه

ساعت	کارهای روزانه	نتیجه	ساعت	کارهای روزانه	نتیجه
در این قسمت کارهای روزانه خود را یادداشت کنید.					

قدم‌های کوچکی که امروز برای رسیدن به اهداف بزرگم برمی‌دارم ....

لذت‌های امروزم : ....

یادداشت‌های روزانه : ....

جمله تاکیدی امروز: ....

تاریخ: ... / ... / ...

برنامه‌ریزی روزانه

در این قسمت کارهای روزانه خود را یادداشت کنید.						قدم‌های کوچکی که امروز برای رسیدن به اهداف بزرگم برمی‌دارم
ساعت	کارهای روزانه	نتیجه	ساعت	کارهای روزانه	نتیجه	....

لذت‌های امروزم : ....

یادداشت‌های روزانه : ....

جمله تاکیدی امروز: ....

تاریخ: ... / ... / ...

برنامه‌ریزی روزانه

در این قسمت کارهای روزانه خود را یادداشت کنید.						قدم‌های کوچکی که امروز برای رسیدن به اهداف بزرگم برمی‌دارم
ساعت	کارهای روزانه	نتیجه	ساعت	کارهای روزانه	نتیجه	....

لذت‌های امروزم : ....

یادداشت‌های روزانه : ....

جمله تاکیدی امروز: ....

تاریخ: ... / ... / ...

برنامه‌ریزی روزانه

در این قسمت کارهای روزانه خود را یادداشت کنید.

ساعت	کارهای روزانه	نتیجه	ساعت	کارهای روزانه	لیجه

قدم‌های کوچکی که امروز برای رسیدن به اهداف بزرگم برمی‌دارم ....

لذت‌های امروزم : ....

یادداشت‌های روزانه : ....

جمله تاکیدی امروز: ....

تاریخ: ... / ... / ...

برنامه‌ریزی روزانه

در این قسمت کارهای روزانه خود را یادداشت کنید.

ساعت	کارهای روزانه	نتیجه	ساعت	کارهای روزانه	نتیجه

قدم‌های کوچکی که امروز برای رسیدن به اهداف بزرگم برمی‌دارم ....

لذت‌های امروزم : ....

یادداشت‌های روزانه : ....

جمله تاکیدی امروز: ....

تاریخ: ... / ... / ...

برنامه‌ریزی روزانه

ساعت	کارهای روزانه	نتیجه	ساعت	کارهای روزانه	نتیجه
در این قسمت کارهای روزانه خود را یادداشت کنید.					

قدم‌های کوچکی که امروز برای رسیدن به اهداف بزرگم برمی‌دارم ....

لذت‌های امروزم : ....

یادداشت‌های روزانه : ....

جمله تاکیدی امروز: ....

تاریخ: ... / ... / ...

برنامه‌ریزی روزانه

ساعت	کارهای روزانه	نتیجه	ساعت	کارهای روزانه	نتیجه
در این قسمت کارهای روزانه خود را یادداشت کنید.					

قدم‌های کوچکی که امروز برای رسیدن به اهداف بزرگم برمی‌دارم ....

لذت‌های امروزم : ....

یادداشت‌های روزانه : ....

جمله تاکیدی امروز:..

تاریخ: ... / ... / ...

برنامه‌ریزی روزانه

ساعت	کارهای روزانه	نتیجه	ساعت	کارهای روزانه	نتیجه

در این قسمت کارهای روزانه خود را یادداشت کنید.

قدم‌های کوچکی که امروز برای رسیدن به اهداف بزرگم برمی‌دارم ....

لذت‌های امروزم :..

یادداشت‌های روزانه :..

جمله تاکیدی امروز:..

تاریخ: ... / ... / ...

برنامه‌ریزی روزانه

ساعت	کارهای روزانه	نتیجه	ساعت	کارهای روزانه	نتیجه

در این قسمت کارهای روزانه خود را یادداشت کنید.

قدم‌های کوچکی که امروز برای رسیدن به اهداف بزرگم برمی‌دارم ....

لذت‌های امروزم :..

یادداشت‌های روزانه :..

جمله تاکیدی امروز: ....

تاریخ: ... / ... / ...

برنامه‌ریزی روزانه

در این قسمت کارهای روزانه خود را یادداشت کنید.						قدم‌های کوچکی که امروز برای رسیدن به اهداف بزرگم برمی‌دارم
ساعت	کارهای روزانه	نتیجه	ساعت	کارهای روزانه	نتیجه	....

لذت‌های امروزم : ....

یادداشت‌های روزانه : ....

جمله تاکیدی امروز: ....

تاریخ: ... / ... / ...

برنامه‌ریزی روزانه

در این قسمت کارهای روزانه خود را یادداشت کنید.						قدم‌های کوچکی که امروز برای رسیدن به اهداف بزرگم برمی‌دارم
ساعت	کارهای روزانه	نتیجه	ساعت	کارهای روزانه	نتیجه	....

لذت‌های امروزم : ....

یادداشت‌های روزانه : ....

جمله تاکیدی امروز: ....

تاریخ: ... / ... / ...

برنامه‌ریزی روزانه

در این قسمت کارهای روزانه خود را یادداشت کنید.					
ساعت	کارهای روزانه	نتیجه	ساعت	کارهای رورانه	لتیجه

قدم‌های کوچکی که امروز برای رسیدن به اهداف بزرگم برمی‌دارم ....

لذت‌های امروزم : ....

یادداشت‌های روزانه : ....

جمله تاکیدی امروز: ....

تاریخ: ... / ... / ...

برنامه‌ریزی روزانه

در این قسمت کارهای روزانه خود را یادداشت کنید.					
ساعت	کارهای روزانه	نتیجه	ساعت	کارهای روزانه	نتیجه

قدم‌های کوچکی که امروز برای رسیدن به اهداف بزرگم برمی‌دارم ....

لذت‌های امروزم : ....

یادداشت‌های روزانه : ....

جمله تاکیدی امروز: ....

تاریخ: ... / ... / ...

برنامه‌ریزی روزانه

قدم‌های کوچکی که امروز برای رسیدن به اهداف بزرگم برمی‌دارم	در این قسمت کارهای روزانه خود را یادداشت کنید.					
	ساعت	کارهای روزانه	نتیجه	ساعت	کارهای روزانه	نتیجه
....						

لذت‌های امروزم : ....

یادداشت‌های روزانه : ....

جمله تاکیدی امروز: ....

تاریخ: ... / ... / ...

برنامه‌ریزی روزانه

قدم‌های کوچکی که امروز برای رسیدن به اهداف بزرگم برمی‌دارم	در این قسمت کارهای روزانه خود را یادداشت کنید.					
	ساعت	کارهای روزانه	نتیجه	ساعت	کارهای روزانه	نتیجه
....						

لذت‌های امروزم : ....

یادداشت‌های روزانه : ....

جمله تاکیدی امروز: ....

تاریخ: ... / ... / ...

برنامه‌ریزی روزانه

در این قسمت کارهای روزانه خود را یادداشت کنید.

ساعت	کارهای روزانه	نتیجه	ساعت	کارهای روزانه	نتیجه

قدم‌های کوچکی که امروز برای رسیدن به اهداف بزرگم برمی‌دارم ....

لذت‌های امروزم : ....

یادداشت‌های روزانه : ....

جمله تاکیدی امروز: ....

تاریخ: ... / ... / ...

برنامه‌ریزی روزانه

در این قسمت کارهای روزانه خود را یادداشت کنید.

ساعت	کارهای روزانه	نتیجه	ساعت	کارهای روزانه	نتیجه

قدم‌های کوچکی که امروز برای رسیدن به اهداف بزرگم برمی‌دارم ....

لذت‌های امروزم : ....

یادداشت‌های روزانه : ....

جمله تاکیدی امروز: ....

تاریخ: ... / ... / ...

برنامه‌ریزی روزانه

ساعت	کارهای روزانه	نتیجه	ساعت	کارهای روزانه	نتیجه	قدم‌های کوچکی که امروز برای رسیدن به اهداف بزرگم برمی‌دارم
در این قسمت کارهای روزانه خود را یادداشت کنید.						....

لذت‌های امروزم : ....

یادداشت‌های روزانه : ....

جمله تاکیدی امروز: ....

تاریخ: ... / ... / ...

برنامه‌ریزی روزانه

ساعت	کارهای روزانه	نتیجه	ساعت	کارهای روزانه	نتیجه	قدم‌های کوچکی که امروز برای رسیدن به اهداف بزرگم برمی‌دارم
در این قسمت کارهای روزانه خود را یادداشت کنید.						....

لذت‌های امروزم : ....

یادداشت‌های روزانه : ....

جمله تاکیدی امروز: ....

تاریخ: ... / ... / ...

برنامه‌ریزی روزانه

قدم‌های کوچکی که امروز برای رسیدن به اهداف بزرگم برمی‌دارم ....

در این قسمت کارهای روزانه خود را یادداشت کنید.

ساعت	کارهای روزانه	نتیجه	ساعت	کارهای روزانه	نتیجه

لذت‌های امروزم : ....

یادداشت‌های روزانه : ....

جمله تاکیدی امروز: ....

تاریخ: ... / ... / ...

برنامه‌ریزی روزانه

قدم‌های کوچکی که امروز برای رسیدن به اهداف بزرگم برمی‌دارم ....

در این قسمت کارهای روزانه خود را یادداشت کنید.

ساعت	کارهای روزانه	نتیجه	ساعت	کارهای روزانه	نتیجه

لذت‌های امروزم : ....

یادداشت‌های روزانه : ....

جمله تاکیدی امروز: ....

تاریخ: ... / ... / ...

برنامه‌ریزی روزانه

ساعت	کارهای روزانه	نتیجه	ساعت	کارهای روزانه	نتیجه
در این قسمت کارهای روزانه خود را یادداشت کنید.					

قدم‌های کوچکی که امروز برای رسیدن به اهداف بزرگم برمی‌دارم ....

لذت‌های امروزم : ....

یادداشت‌های روزانه : ....

جمله تاکیدی امروز: ....

تاریخ: ... / ... / ...

برنامه‌ریزی روزانه

ساعت	کارهای روزانه	نتیجه	ساعت	کارهای روزانه	نتیجه
در این قسمت کارهای روزانه خود را یادداشت کنید.					

قدم‌های کوچکی که امروز برای رسیدن به اهداف بزرگم برمی‌دارم ....

لذت‌های امروزم : ....

یادداشت‌های روزانه : ....

جمله تاکیدی امروز: ....

تاریخ: ... / ... / ...

برنامه‌ریزی روزانه

قدم‌های کوچکی که امروز برای رسیدن به اهداف بزرگم برمی‌دارم ....

در این قسمت کارهای روزانه خود را یادداشت کنید.					
ساعت	کارهای روزانه	نتیجه	ساعت	کارهای روزانه	نتیجه

لذت‌های امروزم : ....

یادداشت‌های روزانه : ....

جمله تاکیدی امروز: ....

تاریخ: ... / ... / ...

برنامه‌ریزی روزانه

قدم‌های کوچکی که امروز برای رسیدن به اهداف بزرگم برمی‌دارم ....

در این قسمت کارهای روزانه خود را یادداشت کنید.					
ساعت	کارهای روزانه	نتیجه	ساعت	کارهای روزانه	نتیجه

لذت‌های امروزم : ....

یادداشت‌های روزانه : ....

جمله تاکیدی امروز: ....

تاریخ: ... / ... / ...

برنامه‌ریزی روزانه

ساعت	کارهای روزانه	نتیجه	ساعت	کارهای روزانه	نتیجه
در این قسمت کارهای روزانه خود را یادداشت کنید.					

قدم‌های کوچکی که امروز برای رسیدن به اهداف بزرگم برمی‌دارم ....

لذت‌های امروزم : ....

یادداشت‌های روزانه : ....

جمله تاکیدی امروز: ....

تاریخ: ... / ... / ...

برنامه‌ریزی روزانه

ساعت	کارهای روزانه	نتیجه	ساعت	کارهای روزانه	نتیجه
در این قسمت کارهای روزانه خود را یادداشت کنید.					

قدم‌های کوچکی که امروز برای رسیدن به اهداف بزرگم برمی‌دارم ....

لذت‌های امروزم : ....

یادداشت‌های روزانه : ....

جمله تاکیدی امروز: ....

تاریخ: ... / ... / ...

برنامه‌ریزی روزانه

در این قسمت کارهای روزانه خود را یادداشت کنید.					
ساعت	کارهای روزانه	نتیجه	ساعت	کارهای روزانه	نتیجه

قدم‌های کوچکی که امروز برای رسیدن به اهداف بزرگم برمی‌دارم ....

لذت‌های امروزم : ....

یادداشت‌های روزانه : ....

جمله تاکیدی امروز: ....

تاریخ: ... / ... / ...

برنامه‌ریزی روزانه

در این قسمت کارهای روزانه خود را یادداشت کنید.					
ساعت	کارهای روزانه	نتیجه	ساعت	کارهای روزانه	نتیجه

قدم‌های کوچکی که امروز برای رسیدن به اهداف بزرگم برمی‌دارم ....

لذت‌های امروزم : ....

یادداشت‌های روزانه : ....

جمله تاکیدی امروز: ....

تاریخ: ... / ... / ...

برنامه‌ریزی روزانه

ساعت	کارهای روزانه	نتیجه	ساعت	کارهای روزانه	نتیجه	قدم‌های کوچکی که امروز برای رسیدن به اهداف بزرگم برمی‌دارم
در این قسمت کارهای روزانه خود را یادداشت کنید.						....

لذت‌های امروزم : ....

یادداشت‌های روزانه : ....

جمله تاکیدی امروز: ....

تاریخ: ... / ... / ...

برنامه‌ریزی روزانه

ساعت	کارهای روزانه	نتیجه	ساعت	کارهای روزانه	نتیجه	قدم‌های کوچکی که امروز برای رسیدن به اهداف بزرگم برمی‌دارم
در این قسمت کارهای روزانه خود را یادداشت کنید.						....

لذت‌های امروزم : ....

یادداشت‌های روزانه : ....

جمله تاکیدی امروز: ....

تاریخ: ... / ... / ...

برنامه‌ریزی روزانه

در این قسمت کارهای روزانه خود را یادداشت کنید.

ساعت	کارهای روزانه	نتیجه	ساعت	کارهای روزانه	نتیجه

قدم‌های کوچکی که امروز برای رسیدن به اهداف بزرگ برمی‌دارم
....

لذت‌های امروزم : ....

یادداشت‌های روزانه : ....

جمله تاکیدی امروز: ....

تاریخ: ... / ... / ...

برنامه‌ریزی روزانه

در این قسمت کارهای روزانه خود را یادداشت کنید.

ساعت	کارهای روزانه	نتیجه	ساعت	کارهای روزانه	نتیجه

قدم‌های کوچکی که امروز برای رسیدن به اهداف بزرگ برمی‌دارم
....

لذت‌های امروزم : ....

یادداشت‌های روزانه : ....

جمله تاکیدی امروز: ....

تاریخ: ... / ... / ...

برنامه‌ریزی روزانه

در این قسمت کارهای روزانه خود را یادداشت کنید.					
ساعت	کارهای روزانه	نتیجه	ساعت	کارهای روزانه	نتیجه

قدم‌های کوچکی که امروز برای رسیدن به اهداف بزرگم برمی‌دارم

....

لذت‌های امروزم : ....

یادداشت‌های روزانه : ....

جمله تاکیدی امروز: ....

تاریخ: ... / ... / ...

برنامه‌ریزی روزانه

در این قسمت کارهای روزانه خود را یادداشت کنید.					
ساعت	کارهای روزانه	نتیجه	ساعت	کارهای روزانه	نتیجه

قدم‌های کوچکی که امروز برای رسیدن به اهداف بزرگم برمی‌دارم

....

لذت‌های امروزم : ....

یادداشت‌های روزانه : ....

جمله تاکیدی امروز: ....

تاریخ: ... / ... / ...

برنامه‌ریزی روزانه

در این قسمت کارهای روزانه خود را یادداشت کنید.

ساعت	کارهای روزانه	نتیجه	ساعت	کارهای روزانه	نتیجه

قدم‌های کوچکی که امروز برای رسیدن به اهداف بزرگم برمی‌دارم ....

لذت‌های امروزم : ....

یادداشت‌های روزانه : ....

جمله تاکیدی امروز: ....

تاریخ: ... / ... / ...

برنامه‌ریزی روزانه

در این قسمت کارهای روزانه خود را یادداشت کنید.

ساعت	کارهای روزانه	نتیجه	ساعت	کارهای روزانه	نتیجه

قدم‌های کوچکی که امروز برای رسیدن به اهداف بزرگم برمی‌دارم ....

لذت‌های امروزم : ....

یادداشت‌های روزانه : ....

جمله تاکیدی امروز: ....

تاریخ: ... / ... / ...

برنامه‌ریزی روزانه

قدم‌های کوچکی که امروز برای رسیدن به اهداف بزرگم برمی‌دارم ....

ساعت	کارهای روزانه	نتیجه	ساعت	کارهای روزانه	نتیجه
در این قسمت کارهای روزانه خود را یادداشت کنید.					

لذت‌های امروزم : ....

یادداشت‌های روزانه : ....

جمله تاکیدی امروز: ....

تاریخ: ... / ... / ...

برنامه‌ریزی روزانه

قدم‌های کوچکی که امروز برای رسیدن به اهداف بزرگم برمی‌دارم ....

ساعت	کارهای روزانه	نتیجه	ساعت	کارهای روزانه	نتیجه
در این قسمت کارهای روزانه خود را یادداشت کنید.					

لذت‌های امروزم : ....

یادداشت‌های روزانه : ....

جمله تاکیدی امروز: ....

تاریخ: ... / ... / ...

برنامه‌ریزی روزانه

قدم‌های کوچکی که امروز برای رسیدن به اهداف بزرگم برمی‌دارم

....

در این قسمت کارهای روزانه خود را یادداشت کنید.					
ساعت	کارهای روزانه	نتیجه	ساعت	کارهای روزانه	نتیجه

لذت‌های امروزم : ....

یادداشت‌های روزانه : ....

جمله تاکیدی امروز: ....

تاریخ: ... / ... / ...

برنامه‌ریزی روزانه

قدم‌های کوچکی که امروز برای رسیدن به اهداف بزرگم برمی‌دارم

....

در این قسمت کارهای روزانه خود را یادداشت کنید.					
ساعت	کارهای روزانه	نتیجه	ساعت	کارهای روزانه	نتیجه

لذت‌های امروزم : ....

یادداشت‌های روزانه : ....

جمله تاکیدی امروز: ....

تاریخ: ... / ... / ...

برنامه‌ریزی روزانه

ساعت	کارهای روزانه	نتیجه	ساعت	کارهای روزانه	نتیجه	قدم‌های کوچکی که امروز برای رسیدن به اهداف بزرگم برمی‌دارم
در این قسمت کارهای روزانه خود را یادداشت کنید.						....

لذت‌های امروزم : ....

یادداشت‌های روزانه : ....

جمله تاکیدی امروز: ....

تاریخ: ... / ... / ...

برنامه‌ریزی روزانه

ساعت	کارهای روزانه	نتیجه	ساعت	کارهای روزانه	نتیجه	قدم‌های کوچکی که امروز برای رسیدن به اهداف بزرگم برمی‌دارم
در این قسمت کارهای روزانه خود را یادداشت کنید.						....

لذت‌های امروزم : ....

یادداشت‌های روزانه : ....

جمله تاکیدی امروز:..

تاریخ: ... / ... / ...

برنامه‌ریزی روزانه

ساعت	کارهای روزانه	نتیجه	ساعت	کارهای روزانه	نتیجه
در این قسمت کارهای روزانه خود را یادداشت کنید.					

قدم‌های کوچکی که امروز برای رسیدن به اهداف بزرگم برمی‌دارم ....

لذت‌های امروزم : ....

یادداشت‌های روزانه : ....

جمله تاکیدی امروز:..

تاریخ: ... / ... / ...

برنامه‌ریزی روزانه

ساعت	کارهای روزانه	نتیجه	ساعت	کارهای روزانه	نتیجه
در این قسمت کارهای روزانه خود را یادداشت کنید.					

قدم‌های کوچکی که امروز برای رسیدن به اهداف بزرگم برمی‌دارم ....

لذت‌های امروزم : ....

یادداشت‌های روزانه : ....

جمله تاکیدی امروز: ....

تاریخ: ... / ... / ...

برنامه‌ریزی روزانه

در این قسمت کارهای روزانه خود را یادداشت کنید.						قدم‌های کوچکی که امروز برای رسیدن به اهداف بزرگم برمی‌دارم
ساعت	کارهای روزانه	نتیجه	ساعت	کارهای روزانه	نتیجه	
						....

لذت‌های امروزم : ....

یادداشت‌های روزانه : ....

جمله تاکیدی امروز: ....

تاریخ: ... / ... / ...

برنامه‌ریزی روزانه

در این قسمت کارهای روزانه خود را یادداشت کنید.						قدم‌های کوچکی که امروز برای رسیدن به اهداف بزرگم برمی‌دارم
ساعت	کارهای روزانه	نتیجه	ساعت	کارهای روزانه	نتیجه	
						....

لذت‌های امروزم : ....

یادداشت‌های روزانه : ....

جمله تاکیدی امروز: ....

تاریخ: ... / ... / ...

برنامه‌ریزی روزانه

قدم‌های کوچکی که امروز برای رسیدن به اهداف بزرگم برمی‌دارم ....

در این قسمت کارهای روزانه خود را یادداشت کنید.					
ساعت	کارهای روزانه	نتیجه	ساعت	کارهای روزانه	نتیجه

لذت‌های امروزم : ....

یادداشت‌های روزانه : ....

جمله تاکیدی امروز: ....

تاریخ: ... / ... / ...

برنامه‌ریزی روزانه

قدم‌های کوچکی که امروز برای رسیدن به اهداف بزرگم برمی‌دارم ....

در این قسمت کارهای روزانه خود را یادداشت کنید.					
ساعت	کارهای روزانه	نتیجه	ساعت	کارهای روزانه	نتیجه

لذت‌های امروزم : ....

یادداشت‌های روزانه : ....

جمله تاکیدی امروز: ....

تاریخ: ... / ... / ...

برنامه‌ریزی روزانه

ساعت	کارهای روزانه	نتیجه	ساعت	کارهای روزانه	نتیجه
در این قسمت کارهای روزانه خود را یادداشت کنید.					

قدم‌های کوچکی که امروز برای رسیدن به اهداف بزرگم برمی‌دارم ....

لذت‌های امروزم : ....

یادداشت‌های روزانه : ....

جمله تاکیدی امروز: ....

تاریخ: ... / ... / ...

برنامه‌ریزی روزانه

ساعت	کارهای روزانه	نتیجه	ساعت	کارهای روزانه	نتیجه
در این قسمت کارهای روزانه خود را یادداشت کنید.					

قدم‌های کوچکی که امروز برای رسیدن به اهداف بزرگم برمی‌دارم ....

لذت‌های امروزم : ....

یادداشت‌های روزانه : ....

جمله تاکیدی امروز: ....

تاریخ: ... / ... / ...

برنامه‌ریزی روزانه

قدم‌های کوچکی که امروز برای رسیدن به اهداف بزرگم برمی‌دارم ....

در این قسمت کارهای روزانه خود را یادداشت کنید.					
ساعت	کارهای روزانه	نتیجه	ساعت	کارهای روزانه	نتیجه

لذت‌های امروزم : ....

یادداشت‌های روزانه : ....

جمله تاکیدی امروز: ....

تاریخ: ... / ... / ...

برنامه‌ریزی روزانه

قدم‌های کوچکی که امروز برای رسیدن به اهداف بزرگم برمی‌دارم ....

در این قسمت کارهای روزانه خود را یادداشت کنید.					
ساعت	کارهای روزانه	نتیجه	ساعت	کارهای روزانه	نتیجه

لذت‌های امروزم : ....

یادداشت‌های روزانه : ....

جمله تاکیدی امروز: ....

تاریخ: ... / ... / ...

برنامه‌ریزی روزانه

ساعت	کارهای روزانه	نتیجه	ساعت	کارهای روزانه	نتیجه
در این قسمت کارهای روزانه خود را یادداشت کنید.					

قدم‌های کوچکی که امروز برای رسیدن به اهداف بزرگم برمی‌دارم ....

لذت‌های امروزم : ....

یادداشت‌های روزانه : ....

جمله تاکیدی امروز: ....

تاریخ: ... / ... / ...

برنامه‌ریزی روزانه

ساعت	کارهای روزانه	نتیجه	ساعت	کارهای روزانه	نتیجه
در این قسمت کارهای روزانه خود را یادداشت کنید.					

قدم‌های کوچکی که امروز برای رسیدن به اهداف بزرگم برمی‌دارم ....

لذت‌های امروزم : ....

یادداشت‌های روزانه : ....

جمله تاکیدی امروز: ....

تاریخ: ... / ... / ...

برنامه‌ریزی روزانه

ساعت	کارهای روزانه	نتیجه	ساعت	کارهای روزانه	نتیجه
در این قسمت کارهای روزانه خود را یادداشت کنید.					

قدم‌های کوچکی که امروز برای رسیدن به اهداف بزرگم برمی‌دارم ....

لذت‌های امروزم : ....

یادداشت‌های روزانه : ....

جمله تاکیدی امروز: ....

تاریخ: ... / ... / ...

برنامه‌ریزی روزانه

ساعت	کارهای روزانه	نتیجه	ساعت	کارهای روزانه	نتیجه
در این قسمت کارهای روزانه خود را یادداشت کنید.					

قدم‌های کوچکی که امروز برای رسیدن به اهداف بزرگم برمی‌دارم ....

لذت‌های امروزم : ....

یادداشت‌های روزانه : ....

جمله تاکیدی امروز: ....

تاریخ: ... / ... / ...

برنامه‌ریزی روزانه

ساعت	کارهای روزانه	نتیجه	ساعت	کارهای روزانه	نتیجه
در این قسمت کارهای روزانه خود را یادداشت کنید.					

قدم‌های کوچکی که امروز برای رسیدن به اهداف بزرگ برمی‌دارم ....

لذت‌های امروزم : ....

یادداشت‌های روزانه : ....

جمله تاکیدی امروز: ....

تاریخ: ... / ... / ...

برنامه‌ریزی روزانه

ساعت	کارهای روزانه	نتیجه	ساعت	کارهای روزانه	نتیجه
در این قسمت کارهای روزانه خود را یادداشت کنید.					

قدم‌های کوچکی که امروز برای رسیدن به اهداف بزرگ برمی‌دارم ....

لذت‌های امروزم : ....

یادداشت‌های روزانه : ....

جمله تاکیدی امروز:..

تاریخ: ... / ... / ...

برنامه‌ریزی روزانه

ساعت	کارهای روزانه	نتیجه	ساعت	کارهای روزانه	نتیجه

در این قسمت کارهای روزانه خود را یادداشت کنید.

قدم‌های کوچکی که امروز برای رسیدن به اهداف بزرگم برمی‌دارم ....

لذت‌های امروزم :..

یادداشت‌های روزانه :..

جمله تاکیدی امروز:..

تاریخ: ... / ... / ...

برنامه‌ریزی روزانه

ساعت	کارهای روزانه	نتیجه	ساعت	کارهای روزانه	نتیجه

در این قسمت کارهای روزانه خود را یادداشت کنید.

قدم‌های کوچکی که امروز برای رسیدن به اهداف بزرگم برمی‌دارم ....

لذت‌های امروزم :..

یادداشت‌های روزانه :..

جمله تاکیدی امروز: ....

تاریخ: ... / ... / ...

برنامه‌ریزی روزانه

ساعت	کارهای روزانه	نتیجه	ساعت	کارهای روزانه	نتیجه
در این قسمت کارهای روزانه خود را یادداشت کنید.					

قدم‌های کوچکی که امروز برای رسیدن به اهداف بزرگم برمی‌دارم
....

لذت‌های امروزم : ....

یادداشت‌های روزانه : ....

جمله تاکیدی امروز: ....

تاریخ: ... / ... / ...

برنامه‌ریزی روزانه

ساعت	کارهای روزانه	نتیجه	ساعت	کارهای روزانه	نتیجه
در این قسمت کارهای روزانه خود را یادداشت کنید.					

قدم‌های کوچکی که امروز برای رسیدن به اهداف بزرگم برمی‌دارم
....

لذت‌های امروزم : ....

یادداشت‌های روزانه : ....

جمله تاکیدی امروز: ....

تاریخ: ... / ... / ...

برنامه‌ریزی روزانه

قدم‌های کوچکی که امروز برای رسیدن به اهداف بزرگم برمی‌دارم	در این قسمت کارهای روزانه خود را یادداشت کنید.					
	ساعت	کارهای روزانه	نتیجه	ساعت	کارهای روزانه	نتیجه
....						

لذت‌های امروزم : ....

یادداشت‌های روزانه : ....

جمله تاکیدی امروز: ....

تاریخ: ... / ... / ...

برنامه‌ریزی روزانه

قدم‌های کوچکی که امروز برای رسیدن به اهداف بزرگم برمی‌دارم	در این قسمت کارهای روزانه خود را یادداشت کنید.					
	ساعت	کارهای روزانه	نتیجه	ساعت	کارهای روزانه	نتیجه
....						

لذت‌های امروزم : ....

یادداشت‌های روزانه : ....

جمله تاکیدی امروز: ....

تاریخ: ... / ... / ...

برنامه‌ریزی روزانه

در این قسمت کارهای روزانه خود را یادداشت کنید.					
ساعت	کارهای روزانه	نتیجه	ساعت	کارهای روزانه	نتیجه

قدم‌های کوچکی که امروز برای رسیدن به اهداف بزرگم برمی‌دارم
....

لذت‌های امروزم : ....

یادداشت‌های روزانه : ....

جمله تاکیدی امروز: ....

تاریخ: ... / ... / ...

برنامه‌ریزی روزانه

در این قسمت کارهای روزانه خود را یادداشت کنید.					
ساعت	کارهای روزانه	نتیجه	ساعت	کارهای روزانه	نتیجه

قدم‌های کوچکی که امروز برای رسیدن به اهداف بزرگم برمی‌دارم
....

لذت‌های امروزم : ....

یادداشت‌های روزانه : ....

جمله تاکیدی امروز:..

تاریخ: ... / ... / ...

برنامه‌ریزی روزانه

ساعت	کارهای روزانه	نتیجه	ساعت	کارهای روزانه	نتیجه

در این قسمت کارهای روزانه خود را یادداشت کنید.

قدم‌های کوچکی که امروز برای رسیدن به اهداف بزرگم برمی‌دارم ....

لذت‌های امروزم :..

یادداشت‌های روزانه :..

جمله تاکیدی امروز:..

تاریخ: ... / ... / ...

برنامه‌ریزی روزانه

ساعت	کارهای روزانه	نتیجه	ساعت	کارهای روزانه	نتیجه

در این قسمت کارهای روزانه خود را یادداشت کنید.

قدم‌های کوچکی که امروز برای رسیدن به اهداف بزرگم برمی‌دارم ....

لذت‌های امروزم :..

یادداشت‌های روزانه :..

جمله تاکیدی امروز: ....

تاریخ: ... / ... / ...

برنامه‌ریزی روزانه

در این قسمت کارهای روزانه خود را یادداشت کنید.					
ساعت	کارهای روزانه	نتیجه	ساعت	کارهای روزانه	نتیجه

قدم‌های کوچکی که امروز برای رسیدن به اهداف بزرگ برمی‌دارم ....

لذت‌های امروزم : ....

یادداشت‌های روزانه : ....

جمله تاکیدی امروز: ....

تاریخ: ... / ... / ...

برنامه‌ریزی روزانه

در این قسمت کارهای روزانه خود را یادداشت کنید.					
ساعت	کارهای روزانه	نتیجه	ساعت	کارهای روزانه	نتیجه

قدم‌های کوچکی که امروز برای رسیدن به اهداف بزرگ برمی‌دارم ....

لذت‌های امروزم : ....

یادداشت‌های روزانه : ....

جمله تاکیدی امروز:...

تاریخ: ... / ... / ...

برنامه‌ریزی روزانه

قدم‌های کوچکی که امروز برای رسیدن به اهداف بزرگم برمی‌دارم ....

در این قسمت کارهای روزانه خود را یادداشت کنید.					
ساعت	کارهای روزانه	نتیجه	ساعت	کارهای روزانه	نتیجه

لذت‌های امروزم:...

یادداشت‌های روزانه:...

جمله تاکیدی امروز:...

تاریخ: ... / ... / ...

برنامه‌ریزی روزانه

قدم‌های کوچکی که امروز برای رسیدن به اهداف بزرگم برمی‌دارم ....

در این قسمت کارهای روزانه خود را یادداشت کنید.					
ساعت	کارهای روزانه	نتیجه	ساعت	کارهای روزانه	نتیجه

لذت‌های امروزم:...

یادداشت‌های روزانه:...

جمله تاکیدی امروز: ....

تاریخ: ... / ... / ...

برنامه‌ریزی روزانه

قدم‌های کوچکی که امروز برای رسیدن به اهداف بزرگم برمی‌دارم	در این قسمت کارهای روزانه خود را یادداشت کنید.					
	ساعت	کارهای روزانه	نتیجه	ساعت	کارهای روزانه	نتیجه
....						

لذت‌های امروزم : ....

یادداشت‌های روزانه : ....

جمله تاکیدی امروز: ....

تاریخ: ... / ... / ...

برنامه‌ریزی روزانه

قدم‌های کوچکی که امروز برای رسیدن به اهداف بزرگم برمی‌دارم	در این قسمت کارهای روزانه خود را یادداشت کنید.					
	ساعت	کارهای روزانه	نتیجه	ساعت	کارهای روزانه	نتیجه
....						

لذت‌های امروزم : ....

یادداشت‌های روزانه : ....

جمله تاکیدی امروز: ....

تاریخ: ... / ... / ...

برنامه‌ریزی روزانه

قدم‌های کوچکی که امروز برای رسیدن به اهداف بزرگم برمی‌دارم ....

در این قسمت کارهای روزانه خود را یادداشت کنید.					
ساعت	کارهای روزانه	نتیجه	ساعت	کارهای روزانه	نتیجه

لذت‌های امروزم : ....

یادداشت‌های روزانه : ....

جمله تاکیدی امروز: ....

تاریخ: ... / ... / ...

برنامه‌ریزی روزانه

قدم‌های کوچکی که امروز برای رسیدن به اهداف بزرگم برمی‌دارم ....

در این قسمت کارهای روزانه خود را یادداشت کنید.					
ساعت	کارهای روزانه	نتیجه	ساعت	کارهای روزانه	نتیجه

لذت‌های امروزم : ....

یادداشت‌های روزانه : ....

جمله تاکیدی امروز: ....

تاریخ: ... / ... / ...

برنامه‌ریزی روزانه

در این قسمت کارهای روزانه خود را یادداشت کنید.						قدم‌های کوچکی که امروز برای رسیدن به اهداف بزرگم برمی‌دارم
ساعت	کارهای روزانه	نتیجه	ساعت	کارهای روزانه	نتیجه	....

لذت‌های امروزم : ....

یادداشت‌های روزانه : ....

جمله تاکیدی امروز: ....

تاریخ: ... / ... / ...

برنامه‌ریزی روزانه

در این قسمت کارهای روزانه خود را یادداشت کنید.						قدم‌های کوچکی که امروز برای رسیدن به اهداف بزرگم برمی‌دارم
ساعت	کارهای روزانه	نتیجه	ساعت	کارهای روزانه	نتیجه	....

لذت‌های امروزم : ....

یادداشت‌های روزانه : ....

جمله تاکیدی امروز:..

تاریخ: ... / ... / ...

برنامه‌ریزی روزانه

قدم‌های کوچکی که امروز برای رسیدن به اهداف بزرگم برمی‌دارم ....

در این قسمت کارهای روزانه خود را یادداشت کنید.					
ساعت	کارهای روزانه	نتیجه	ساعت	کارهای روزانه	نتیجه

لذت‌های امروزم :..

یادداشت‌های روزانه :..

جمله تاکیدی امروز:..

تاریخ: ... / ... / ...

برنامه‌ریزی روزانه

قدم‌های کوچکی که امروز برای رسیدن به اهداف بزرگم برمی‌دارم ....

در این قسمت کارهای روزانه خود را یادداشت کنید.					
ساعت	کارهای روزانه	نتیجه	ساعت	کارهای روزانه	نتیجه

لذت‌های امروزم :..

یادداشت‌های روزانه :..

جمله تاکیدی امروز: ....

تاریخ: ... / ... / ...

برنامه‌ریزی روزانه

در این قسمت کارهای روزانه خود را یادداشت کنید.					
ساعت	کارهای روزانه	نتیجه	ساعت	کارهای روزانه	نتیجه

قدم‌های کوچکی که امروز برای رسیدن به اهداف بزرگم برمی‌دارم

....

لذت‌های امروزم : ....

یادداشت‌های روزانه : ....

جمله تاکیدی امروز: ....

تاریخ: ... / ... / ...

برنامه‌ریزی روزانه

در این قسمت کارهای روزانه خود را یادداشت کنید.					
ساعت	کارهای روزانه	نتیجه	ساعت	کارهای روزانه	نتیجه

قدم‌های کوچکی که امروز برای رسیدن به اهداف بزرگم برمی‌دارم

....

لذت‌های امروزم : ....

یادداشت‌های روزانه : ....

جمله تاکیدی امروز: ....

تاریخ: ... / ... / ...

برنامه‌ریزی روزانه

قدم‌های کوچکی که امروز برای رسیدن به اهداف بزرگم برمی‌دارم ....

در این قسمت کارهای روزانه خود را یادداشت کنید.					
ساعت	کارهای روزانه	نتیجه	ساعت	کارهای روزانه	نتیجه

لذت‌های امروزم : ....

یادداشت‌های روزانه : ....

جمله تاکیدی امروز: ....

تاریخ: ... / ... / ...

برنامه‌ریزی روزانه

قدم‌های کوچکی که امروز برای رسیدن به اهداف بزرگم برمی‌دارم ....

در این قسمت کارهای روزانه خود را یادداشت کنید.					
ساعت	کارهای روزانه	نتیجه	ساعت	کارهای روزانه	نتیجه

لذت‌های امروزم : ....

یادداشت‌های روزانه : ....

جمله تاکیدی امروز: ....

تاریخ: ... / ... / ...

برنامه‌ریزی روزانه

در این قسمت کارهای روزانه خود را یادداشت کنید.						قدم‌های کوچکی که امروز برای رسیدن به اهداف بزرگم برمی‌دارم
ساعت	کارهای روزانه	نتیجه	ساعت	کارهای روزانه	نتیجه	....

لذت‌های امروزم : ....

یادداشت‌های روزانه : ....

جمله تاکیدی امروز: ....

تاریخ: ... / ... / ...

برنامه‌ریزی روزانه

در این قسمت کارهای روزانه خود را یادداشت کنید.						قدم‌های کوچکی که امروز برای رسیدن به اهداف بزرگم برمی‌دارم
ساعت	کارهای روزانه	نتیجه	ساعت	کارهای روزانه	نتیجه	....

لذت‌های امروزم : ....

یادداشت‌های روزانه : ....

جمله تاکیدی امروز: ....

تاریخ: ... / ... / ...

برنامه‌ریزی روزانه

قدم‌های کوچکی که امروز برای رسیدن به اهداف بزرگم برمی‌دارم ....

در این قسمت کارهای روزانه خود را یادداشت کنید.

ساعت	کارهای روزانه	نتیجه	ساعت	کارهای روزانه	نتیجه

لذت‌های امروزم : ....

یادداشت‌های روزانه : ....

جمله تاکیدی امروز: ....

تاریخ: ... / ... / ...

برنامه‌ریزی روزانه

قدم‌های کوچکی که امروز برای رسیدن به اهداف بزرگم برمی‌دارم ....

در این قسمت کارهای روزانه خود را یادداشت کنید.

ساعت	کارهای روزانه	نتیجه	ساعت	کارهای روزانه	نتیجه

لذت‌های امروزم : ....

یادداشت‌های روزانه : ....

جمله تاکیدی امروز: ....

تاریخ: ... / ... / ...

برنامه‌ریزی روزانه

ساعت	کارهای روزانه	نتیجه	ساعت	کارهای روزانه	نتیجه
در این قسمت کارهای روزانه خود را یادداشت کنید.					

قدم‌های کوچکی که امروز برای رسیدن به اهداف بزرگم برمی‌دارم ....

لذت‌های امروزم : ....

یادداشت‌های روزانه : ....

جمله تاکیدی امروز: ....

تاریخ: ... / ... / ...

برنامه‌ریزی روزانه

ساعت	کارهای روزانه	نتیجه	ساعت	کارهای روزانه	نتیجه
در این قسمت کارهای روزانه خود را یادداشت کنید.					

قدم‌های کوچکی که امروز برای رسیدن به اهداف بزرگم برمی‌دارم ....

لذت‌های امروزم : ....

یادداشت‌های روزانه : ....

جمله تاکیدی امروز: ....

تاریخ: ... / ... / ...

برنامه‌ریزی روزانه

قدم‌های کوچکی که امروز برای رسیدن به اهداف بزرگم برمی‌دارم	در این قسمت کارهای روزانه خود را یادداشت کنید.					
	نتیجه	کارهای روزانه	ساعت	نتیجه	کارهای روزانه	ساعت
....						

لذت‌های امروزم : ....

یادداشت‌های روزانه : ....

جمله تاکیدی امروز: ....

تاریخ: ... / ... / ...

برنامه‌ریزی روزانه

قدم‌های کوچکی که امروز برای رسیدن به اهداف بزرگم برمی‌دارم	در این قسمت کارهای روزانه خود را یادداشت کنید.					
	نتیجه	کارهای روزانه	ساعت	نتیجه	کارهای روزانه	ساعت
....						

لذت‌های امروزم : ....

یادداشت‌های روزانه : ....

جمله تاکیدی امروز: ....

تاریخ: ... / ... / ...

برنامه‌ریزی روزانه

ساعت	کارهای روزانه	نتیجه	ساعت	کارهای روزانه	نتیجه
در این قسمت کارهای روزانه خود را یادداشت کنید.					

قدم‌های کوچکی که امروز برای رسیدن به اهداف بزرگم برمی‌دارم
....

لذت‌های امروزم : ....

یادداشت‌های روزانه : ....

جمله تاکیدی امروز: ....

تاریخ: ... / ... / ...

برنامه‌ریزی روزانه

ساعت	کارهای روزانه	نتیجه	ساعت	کارهای روزانه	نتیجه
در این قسمت کارهای روزانه خود را یادداشت کنید.					

قدم‌های کوچکی که امروز برای رسیدن به اهداف بزرگم برمی‌دارم
....

لذت‌های امروزم : ....

یادداشت‌های روزانه : ....

جمله تاکیدی امروز: ....

تاریخ: ... / ... / ...

برنامه‌ریزی روزانه

قدم‌های کوچکی که امروز برای رسیدن به اهداف بزرگم برمی‌دارم ....

در این قسمت کارهای روزانه خود را یادداشت کنید.					
ساعت	کارهای روزانه	نتیجه	ساعت	کارهای روزانه	نتیجه

لذت‌های امروزم : ....

یادداشت‌های روزانه : ....

جمله تاکیدی امروز: ....

تاریخ: ... / ... / ...

برنامه‌ریزی روزانه

قدم‌های کوچکی که امروز برای رسیدن به اهداف بزرگم برمی‌دارم ....

در این قسمت کارهای روزانه خود را یادداشت کنید.					
ساعت	کارهای روزانه	نتیجه	ساعت	کارهای روزانه	نتیجه

لذت‌های امروزم : ....

یادداشت‌های روزانه : ....

جمله تاکیدی امروز: ....

تاریخ: ... / ... / ...

برنامه‌ریزی روزانه

قدم‌های کوچکی که امروز برای رسیدن به اهداف بزرگم برمی‌دارم ....

ساعت	کارهای روزانه	نتیجه	ساعت	کارهای روزانه	نتیجه
در این قسمت کارهای روزانه خود را یادداشت کنید.					

لذت‌های امروزم : ....

یادداشت‌های روزانه : ....

جمله تاکیدی امروز: ....

تاریخ: ... / ... / ...

برنامه‌ریزی روزانه

قدم‌های کوچکی که امروز برای رسیدن به اهداف بزرگم برمی‌دارم ....

ساعت	کارهای روزانه	نتیجه	ساعت	کارهای روزانه	نتیجه
در این قسمت کارهای روزانه خود را یادداشت کنید.					

لذت‌های امروزم : ....

یادداشت‌های روزانه : ....

جمله تاکیدی امروز:..

تاریخ: ... / ... / ...

برنامه‌ریزی روزانه

قدم‌های کوچکی که امروز برای رسیدن به اهداف بزرگم برمی‌دارم ....

در این قسمت کارهای روزانه خود را یادداشت کنید.					
ساعت	کارهای روزانه	نتیجه	ساعت	کارهای روزانه	نتیجه

لذت‌های امروزم : ....

یادداشت‌های روزانه : ....

جمله تاکیدی امروز: ....

تاریخ: ... / ... / ...

برنامه‌ریزی روزانه

قدم‌های کوچکی که امروز برای رسیدن به اهداف بزرگم برمی‌دارم ....

در این قسمت کارهای روزانه خود را یادداشت کنید.					
ساعت	کارهای روزانه	نتیجه	ساعت	کارهای روزانه	نتیجه

لذت‌های امروزم : ....

یادداشت‌های روزانه : ....

جمله تاکیدی امروز: ....

تاریخ: ... / ... / ...

برنامه‌ریزی روزانه

قدم‌های کوچکی که امروز برای رسیدن به اهداف بزرگم برمی‌دارم	در این قسمت کارهای روزانه خود را یادداشت کنید.					
	ساعت	کارهای روزانه	نتیجه	ساعت	کارهای روزانه	نتیجه
....						

لذت‌های امروزم : ....

یادداشت‌های روزانه : ....

جمله تاکیدی امروز: ....

تاریخ: ... / ... / ...

برنامه‌ریزی روزانه

قدم‌های کوچکی که امروز برای رسیدن به اهداف بزرگم برمی‌دارم	در این قسمت کارهای روزانه خود را یادداشت کنید.					
	ساعت	کارهای روزانه	نتیجه	ساعت	کارهای روزانه	نتیجه
....						

لذت‌های امروزم : ....

یادداشت‌های روزانه : ....

جمله تاکیدی امروز: ....

تاریخ: ... / ... / ...

برنامه‌ریزی روزانه

در این قسمت کارهای روزانه خود را یادداشت کنید.					
ساعت	کارهای روزانه	نتیجه	ساعت	کارهای روزانه	نتیجه

قدم‌های کوچکی که امروز برای رسیدن به اهداف بزرگم برمی‌دارم ....

لذت‌های امروزم : ....

یادداشت‌های روزانه : ....

جمله تاکیدی امروز: ....

تاریخ: ... / ... / ...

برنامه‌ریزی روزانه

در این قسمت کارهای روزانه خود را یادداشت کنید.					
ساعت	کارهای روزانه	نتیجه	ساعت	کارهای روزانه	نتیجه

قدم‌های کوچکی که امروز برای رسیدن به اهداف بزرگم برمی‌دارم ....

لذت‌های امروزم : ....

یادداشت‌های روزانه : ....

جمله تاکیدی امروز: ....

تاریخ: ... / ... / ...

برنامه‌ریزی روزانه

قدم‌های کوچکی که امروز برای رسیدن به اهداف بزرگم برمی‌دارم ....

در این قسمت کارهای روزانه خود را یادداشت کنید.					
ساعت	کارهای روزانه	نتیجه	ساعت	کارهای روزانه	نتیجه

لذت‌های امروزم : ....

یادداشت‌های روزانه : ....

جمله تاکیدی امروز: ....

تاریخ: ... / ... / ...

برنامه‌ریزی روزانه

قدم‌های کوچکی که امروز برای رسیدن به اهداف بزرگم برمی‌دارم ....

در این قسمت کارهای روزانه خود را یادداشت کنید.					
ساعت	کارهای روزانه	نتیجه	ساعت	کارهای روزانه	نتیجه

لذت‌های امروزم : ....

یادداشت‌های روزانه : ....

جمله تاکیدی امروز: ....

تاریخ: ... / ... / ...

برنامه‌ریزی روزانه

قدم‌های کوچکی که امروز برای رسیدن به اهداف بزرگم برمی‌دارم ....

در این قسمت کارهای روزانه خود را یادداشت کنید.					
ساعت	کارهای روزانه	نتیجه	ساعت	کارهای روزانه	نتیجه

لذت‌های امروزم : ....

یادداشت‌های روزانه : ....

جمله تاکیدی امروز: ....

تاریخ: ... / ... / ...

برنامه‌ریزی روزانه

قدم‌های کوچکی که امروز برای رسیدن به اهداف بزرگم برمی‌دارم ....

در این قسمت کارهای روزانه خود را یادداشت کنید.					
ساعت	کارهای روزانه	نتیجه	ساعت	کارهای روزانه	نتیجه

لذت‌های امروزم : ....

یادداشت‌های روزانه : ....

جمله تاکیدی امروز: ....

تاریخ: ... / ... / ...

برنامه‌ریزی روزانه

ساعت	کارهای روزانه	نتیجه	ساعت	کارهای روزانه	نتیجه
در این قسمت کارهای روزانه خود را یادداشت کنید.					

قدم‌های کوچکی که امروز برای رسیدن به اهداف بزرگم برمی‌دارم ....

لذت‌های امروزم : ....

یادداشت‌های روزانه : ....

جمله تاکیدی امروز: ....

تاریخ: ... / ... / ...

برنامه‌ریزی روزانه

ساعت	کارهای روزانه	نتیجه	ساعت	کارهای روزانه	نتیجه
در این قسمت کارهای روزانه خود را یادداشت کنید.					

قدم‌های کوچکی که امروز برای رسیدن به اهداف بزرگم برمی‌دارم ....

لذت‌های امروزم : ....

یادداشت‌های روزانه : ....

جمله تاکیدی امروز: ....

تاریخ: ... / ... / ...

برنامه‌ریزی روزانه

در این قسمت کارهای روزانه خود را یادداشت کنید.					
ساعت	کارهای روزانه	نتیجه	ساعت	کارهای روزانه	نتیجه

قدم‌های کوچکی که امروز برای رسیدن به اهداف بزرگم برمی‌دارم ....

لذت‌های امروزم : ....

یادداشت‌های روزانه : ....

جمله تاکیدی امروز: ....

تاریخ: ... / ... / ...

برنامه‌ریزی روزانه

در این قسمت کارهای روزانه خود را یادداشت کنید.					
ساعت	کارهای روزانه	نتیجه	ساعت	کارهای روزانه	نتیجه

قدم‌های کوچکی که امروز برای رسیدن به اهداف بزرگم برمی‌دارم ....

لذت‌های امروزم : ....

یادداشت‌های روزانه : ....

جمله تاکیدی امروز: ....

تاریخ: ... / ... / ...

برنامه‌ریزی روزانه

قدم‌های کوچکی که امروز برای رسیدن به اهداف بزرگم برمی‌دارم	در این قسمت کارهای روزانه خود را یادداشت کنید.					
	ساعت	کارهای روزانه	نتیجه	ساعت	کارهای روزانه	نتیجه
....						

لذت‌های امروزم : ....

یادداشت‌های روزانه : ....

جمله تاکیدی امروز: ....

تاریخ: ... / ... / ...

برنامه‌ریزی روزانه

قدم‌های کوچکی که امروز برای رسیدن به اهداف بزرگم برمی‌دارم	در این قسمت کارهای روزانه خود را یادداشت کنید.					
	ساعت	کارهای روزانه	نتیجه	ساعت	کارهای روزانه	نتیجه
....						

لذت‌های امروزم : ....

یادداشت‌های روزانه : ....

جمله تاکیدی امروز:..

تاریخ: ... / ... / ...

برنامه‌ریزی روزانه

ساعت	کارهای روزانه	نتیجه	ساعت	کارهای روزانه	نتیجه

در این قسمت کارهای روزانه خود را یادداشت کنید.

قدم‌های کوچکی که امروز برای رسیدن به اهداف بزرگم برمی‌دارم ....

لذت‌های امروزم :..

یادداشت‌های روزانه :..

جمله تاکیدی امروز:..

تاریخ: ... / ... / ...

برنامه‌ریزی روزانه

ساعت	کارهای روزانه	نتیجه	ساعت	کارهای روزانه	نتیجه

در این قسمت کارهای روزانه خود را یادداشت کنید.

قدم‌های کوچکی که امروز برای رسیدن به اهداف بزرگم برمی‌دارم ....

لذت‌های امروزم :..

یادداشت‌های روزانه :..

جمله تاکیدی امروز: ....

تاریخ: ... / ... / ...

برنامه‌ریزی روزانه

ساعت	کارهای روزانه	نتیجه	ساعت	کارهای روزانه	نتیجه
در این قسمت کارهای روزانه خود را یادداشت کنید.					

قدم‌های کوچکی که امروز برای رسیدن به اهداف بزرگم برمی‌دارم ....

لذت‌های امروزم : ....

یادداشت‌های روزانه : ....

جمله تاکیدی امروز: ....

تاریخ: ... / ... / ...

برنامه‌ریزی روزانه

ساعت	کارهای روزانه	نتیجه	ساعت	کارهای روزانه	نتیجه
در این قسمت کارهای روزانه خود را یادداشت کنید.					

قدم‌های کوچکی که امروز برای رسیدن به اهداف بزرگم برمی‌دارم ....

لذت‌های امروزم : ....

یادداشت‌های روزانه : ....

جمله تاکیدی امروز:...

تاریخ: ... / ... / ...

برنامه‌ریزی روزانه

در این قسمت کارهای روزانه خود را یادداشت کنید.

ساعت	کارهای روزانه	نتیجه	ساعت	کارهای روزانه	نتیجه

قدم‌های کوچکی که امروز برای رسیدن به اهداف بزرگم برمی‌دارم ....

لذت‌های امروزم :...

یادداشت‌های روزانه :...

جمله تاکیدی امروز:...

تاریخ: ... / ... / ...

برنامه‌ریزی روزانه

در این قسمت کارهای روزانه خود را یادداشت کنید.

ساعت	کارهای روزانه	نتیجه	ساعت	کارهای روزانه	نتیجه

قدم‌های کوچکی که امروز برای رسیدن به اهداف بزرگم برمی‌دارم ....

لذت‌های امروزم :...

یادداشت‌های روزانه :...

جمله تاکیدی امروز: ....

تاریخ: ... / ... / ...

برنامه‌ریزی روزانه

ساعت	کارهای روزانه	نتیجه	ساعت	کارهای روزانه	نتیجه

در این قسمت کارهای روزانه خود را یادداشت کنید.

قدم‌های کوچکی که امروز برای رسیدن به اهداف بزرگم برمی‌دارم ....

لذت‌های امروزم :..

یادداشت‌های روزانه : ....

جمله تاکیدی امروز: ....

تاریخ: ... / ... / ...

برنامه‌ریزی روزانه

ساعت	کارهای روزانه	نتیجه	ساعت	کارهای روزانه	نتیجه

در این قسمت کارهای روزانه خود را یادداشت کنید.

قدم‌های کوچکی که امروز برای رسیدن به اهداف بزرگم برمی‌دارم ....

لذت‌های امروزم : ....

یادداشت‌های روزانه : ....

جمله تاکیدی امروز:..

تاریخ: ... / ... / ...

برنامه‌ریزی روزانه

قدم‌های کوچکی که امروز برای رسیدن به اهداف بزرگم برمی‌دارم ....

در این قسمت کارهای روزانه خود را یادداشت کنید.					
ساعت	کارهای روزانه	نتیجه	ساعت	کارهای روزانه	نتیجه

لذت‌های امروزم :..

یادداشت‌های روزانه :..

جمله تاکیدی امروز:..

تاریخ: ... / ... / ...

برنامه‌ریزی روزانه

قدم‌های کوچکی که امروز برای رسیدن به اهداف بزرگم برمی‌دارم ....

در این قسمت کارهای روزانه خود را یادداشت کنید.					
ساعت	کارهای روزانه	نتیجه	ساعت	کارهای روزانه	نتیجه

لذت‌های امروزم :..

یادداشت‌های روزانه :..

جمله تاکیدی امروز: ....

تاریخ: ... / ... / ...

برنامه‌ریزی روزانه

در این قسمت کارهای روزانه خود را یادداشت کنید.						قدم‌های کوچکی که امروز برای رسیدن به اهداف بزرگم برمی‌دارم
ساعت	کارهای روزانه	نتیجه	ساعت	کارهای روزانه	نتیجه	....

لذت‌های امروزم: ....

یادداشت‌های روزانه: ....

جمله تاکیدی امروز: ....

تاریخ: ... / ... / ...

برنامه‌ریزی روزانه

در این قسمت کارهای روزانه خود را یادداشت کنید.						قدم‌های کوچکی که امروز برای رسیدن به اهداف بزرگم برمی‌دارم
ساعت	کارهای روزانه	نتیجه	ساعت	کارهای روزانه	نتیجه	....

لذت‌های امروزم: ....

یادداشت‌های روزانه: ....

جمله تاکیدی امروز: ....

تاریخ: ... / ... / ...

برنامه‌ریزی روزانه

در این قسمت کارهای روزانه خود را یادداشت کنید.						قدم‌های کوچکی که امروز برای رسیدن به اهداف بزرگم برمی‌دارم
ساعت	کارهای روزانه	نتیجه	ساعت	کارهای روزانه	نتیجه	....

لذت‌های امروزم : ....

یادداشت‌های روزانه : ....

جمله تاکیدی امروز: ....

تاریخ: ... / ... / ...

برنامه‌ریزی روزانه

در این قسمت کارهای روزانه خود را یادداشت کنید.						قدم‌های کوچکی که امروز برای رسیدن به اهداف بزرگم برمی‌دارم
ساعت	کارهای روزانه	نتیجه	ساعت	کارهای روزانه	نتیجه	....

لذت‌های امروزم : ....

یادداشت‌های روزانه : ....

جمله تاکیدی امروز: ....

تاریخ: ... / ... / ...

برنامه‌ریزی روزانه

ساعت	کارهای روزانه	نتیجه	ساعت	کارهای روزانه	نتیجه

در این قسمت کارهای روزانه خود را یادداشت کنید.

قدم‌های کوچکی که امروز برای رسیدن به اهداف بزرگم برمی‌دارم ....

لذت‌های امروزم : ....

یادداشت‌های روزانه : ....

جمله تاکیدی امروز: ....

تاریخ: ... / ... / ...

برنامه‌ریزی روزانه

ساعت	کارهای روزانه	نتیجه	ساعت	کارهای روزانه	نتیجه

در این قسمت کارهای روزانه خود را یادداشت کنید.

قدم‌های کوچکی که امروز برای رسیدن به اهداف بزرگم برمی‌دارم ....

لذت‌های امروزم : ....

یادداشت‌های روزانه : ....

جمله تاکیدی امروز: ....

تاریخ: ... / ... / ...

برنامه‌ریزی روزانه

قدم‌های کوچکی که امروز برای رسیدن به اهداف بزرگم برمی‌دارم ....

در این قسمت کارهای روزانه خود را یادداشت کنید.					
ساعت	کارهای روزانه	نتیجه	ساعت	کارهای روزانه	نتیجه

لذت‌های امروزم : ....

یادداشت‌های روزانه : ....

جمله تاکیدی امروز: ....

تاریخ: ... / ... / ...

برنامه‌ریزی روزانه

قدم‌های کوچکی که امروز برای رسیدن به اهداف بزرگم برمی‌دارم ....

در این قسمت کارهای روزانه خود را یادداشت کنید.					
ساعت	کارهای روزانه	نتیجه	ساعت	کارهای روزانه	نتیجه

لذت‌های امروزم : ....

یادداشت‌های روزانه : ....

جمله تاکیدی امروز: ....

تاریخ: ... / ... / ...

برنامه‌ریزی روزانه

ساعت	کارهای روزانه	نتیجه	ساعت	کارهای روزانه	نتیجه
در این قسمت کارهای روزانه خود را یادداشت کنید.					

قدم‌های کوچکی که امروز برای رسیدن به اهداف بزرگم برمی‌دارم ....

لذت‌های امروزم : ....

یادداشت‌های روزانه : ....

جمله تاکیدی امروز: ....

تاریخ: ... / ... / ...

برنامه‌ریزی روزانه

ساعت	کارهای روزانه	نتیجه	ساعت	کارهای روزانه	نتیجه
در این قسمت کارهای روزانه خود را یادداشت کنید.					

قدم‌های کوچکی که امروز برای رسیدن به اهداف بزرگم برمی‌دارم ....

لذت‌های امروزم : ....

یادداشت‌های روزانه : ....

جمله تاکیدی امروز: ....

تاریخ: ... / ... / ...

برنامه‌ریزی روزانه

قدم‌های کوچکی که امروز برای رسیدن به اهداف بزرگم برمی‌دارم ....

در این قسمت کارهای روزانه خود را یادداشت کنید.					
ساعت	کارهای روزانه	نتیجه	ساعت	کارهای روزانه	نتیجه

لذت‌های امروزم : ....

یادداشت‌های روزانه : ....

جمله تاکیدی امروز: ....

تاریخ: ... / ... / ...

برنامه‌ریزی روزانه

قدم‌های کوچکی که امروز برای رسیدن به اهداف بزرگم برمی‌دارم ....

در این قسمت کارهای روزانه خود را یادداشت کنید.					
ساعت	کارهای روزانه	نتیجه	ساعت	کارهای روزانه	نتیجه

لذت‌های امروزم : ....

یادداشت‌های روزانه : ....

جمله تاکیدی امروز: ....

تاریخ: ... / ... / ...

برنامه‌ریزی روزانه

قدم‌های کوچکی که امروز برای رسیدن به اهداف بزرگم برمی‌دارم	در این قسمت کارهای روزانه خود را یادداشت کنید.					
	ساعت	کارهای روزانه	نتیجه	ساعت	کارهای روزانه	نتیجه
....						

لذت‌های امروزم : ....

یادداشت‌های روزانه : ....

جمله تاکیدی امروز: ....

تاریخ: ... / ... / ...

برنامه‌ریزی روزانه

قدم‌های کوچکی که امروز برای رسیدن به اهداف بزرگم برمی‌دارم	در این قسمت کارهای روزانه خود را یادداشت کنید.					
	ساعت	کارهای روزانه	نتیجه	ساعت	کارهای روزانه	نتیجه
....						

لذت‌های امروزم : ....

یادداشت‌های روزانه : ....

جمله تاکیدی امروز: ....

تاریخ: ... / ... / ...

برنامه‌ریزی روزانه

قدم‌های کوچکی که امروز برای رسیدن به اهداف بزرگم برمی‌دارم						
	در این قسمت کارهای روزانه خود را یادداشت کنید.					
	ساعت	کارهای روزانه	نتیجه	ساعت	کارهای روزانه	نتیجه
....						

لذت‌های امروزم : ....

یادداشت‌های روزانه : ....

جمله تاکیدی امروز: ....

تاریخ: ... / ... / ...

برنامه‌ریزی روزانه

قدم‌های کوچکی که امروز برای رسیدن به اهداف بزرگم برمی‌دارم						
	در این قسمت کارهای روزانه خود را یادداشت کنید.					
	ساعت	کارهای روزانه	نتیجه	ساعت	کارهای روزانه	نتیجه
....						

لذت‌های امروزم : ....

یادداشت‌های روزانه : ....

جمله تاکیدی امروز: ....

تاریخ: ... / ... / ...

برنامه‌ریزی روزانه

قدم‌های کوچکی که امروز برای رسیدن به اهداف بزرگم برمی‌دارم	در این قسمت کارهای روزانه خود را یادداشت کنید.					
	نتیجه	کارهای روزانه	ساعت	نتیجه	کارهای روزانه	ساعت
....						

لذت‌های امروزم : ....

یادداشت‌های روزانه : ....

جمله تاکیدی امروز: ....

تاریخ: ... / ... / ...

برنامه‌ریزی روزانه

قدم‌های کوچکی که امروز برای رسیدن به اهداف بزرگم برمی‌دارم	در این قسمت کارهای روزانه خود را یادداشت کنید.					
	نتیجه	کارهای روزانه	ساعت	نتیجه	کارهای روزانه	ساعت
....						

لذت‌های امروزم : ....

یادداشت‌های روزانه : ....

جمله تاکیدی امروز: ....

تاریخ: ... / ... / ...

برنامه‌ریزی روزانه

ساعت	کارهای روزانه	نتیجه	ساعت	کارهای روزانه	نتیجه
در این قسمت کارهای روزانه خود را یادداشت کنید.					

قدم‌های کوچکی که امروز برای رسیدن به اهداف بزرگم برمی‌دارم ....

لذت‌های امروزم : ....

یادداشت‌های روزانه : ....

جمله تاکیدی امروز: ....

تاریخ: ... / ... / ...

برنامه‌ریزی روزانه

ساعت	کارهای روزانه	نتیجه	ساعت	کارهای روزانه	نتیجه
در این قسمت کارهای روزانه خود را یادداشت کنید.					

قدم‌های کوچکی که امروز برای رسیدن به اهداف بزرگم برمی‌دارم ....

لذت‌های امروزم : ....

یادداشت‌های روزانه : ....

جمله تاکیدی امروز: ....

تاریخ: ... / ... / ...

برنامه‌ریزی روزانه

قدم‌های کوچکی که امروز برای رسیدن به اهداف بزرگم برمی‌دارم ....

در این قسمت کارهای روزانه خود را یادداشت کنید.					
ساعت	کارهای روزانه	نتیجه	ساعت	کارهای روزانه	نتیجه

لذت‌های امروزم : ....

یادداشت‌های روزانه : ....

جمله تاکیدی امروز: ....

تاریخ: ... / ... / ...

برنامه‌ریزی روزانه

قدم‌های کوچکی که امروز برای رسیدن به اهداف بزرگم برمی‌دارم ....

در این قسمت کارهای روزانه خود را یادداشت کنید.					
ساعت	کارهای روزانه	نتیجه	ساعت	کارهای روزانه	نتیجه

لذت‌های امروزم : ....

یادداشت‌های روزانه : ....

جمله تاکیدی امروز: ....

تاریخ: ... / ... / ...

برنامه‌ریزی روزانه

قدم‌های کوچکی که امروز برای رسیدن به اهداف بزرگم برمی‌دارم	در این قسمت کارهای روزانه خود را یادداشت کنید.					
	نتیجه	کارهای روزانه	ساعت	نتیجه	کارهای روزانه	ساعت
....						

لذت‌های امروزم : ....

یادداشت‌های روزانه : ....

جمله تاکیدی امروز: ....

تاریخ: ... / ... / ...

برنامه‌ریزی روزانه

قدم‌های کوچکی که امروز برای رسیدن به اهداف بزرگم برمی‌دارم	در این قسمت کارهای روزانه خود را یادداشت کنید.					
	نتیجه	کارهای روزانه	ساعت	نتیجه	کارهای روزانه	ساعت
....						

لذت‌های امروزم : ....

یادداشت‌های روزانه : ....

جمله تاکیدی امروز: ....

تاریخ: ... / ... / ...

برنامه‌ریزی روزانه

ساعت	کارهای روزانه	نتیجه	ساعت	کارهای روزانه	نتیجه

در این قسمت کارهای روزانه خود را یادداشت کنید.

قدم‌های کوچکی که امروز برای رسیدن به اهداف بزرگم برمی‌دارم ....

لذت‌های امروزم : ....

یادداشت‌های روزانه : ....

جمله تاکیدی امروز: ....

تاریخ: ... / ... / ...

برنامه‌ریزی روزانه

ساعت	کارهای روزانه	نتیجه	ساعت	کارهای روزانه	نتیجه

در این قسمت کارهای روزانه خود را یادداشت کنید.

قدم‌های کوچکی که امروز برای رسیدن به اهداف بزرگم برمی‌دارم ....

لذت‌های امروزم : ....

یادداشت‌های روزانه : ....

جمله تاکیدی امروز:..

تاریخ: ... / ... / ...

برنامه‌ریزی روزانه

ساعت	کارهای روزانه	نتیجه	ساعت	کارهای روزانه	نتیجه
در این قسمت کارهای روزانه خود را یادداشت کنید.					

قدم‌های کوچکی که امروز برای رسیدن به اهداف بزرگم برمی‌دارم ....

لذت‌های امروزم :..

یادداشت‌های روزانه :..

جمله تاکیدی امروز:..

تاریخ: ... / ... / ...

برنامه‌ریزی روزانه

ساعت	کارهای روزانه	نتیجه	ساعت	کارهای روزانه	نتیجه
در این قسمت کارهای روزانه خود را یادداشت کنید.					

قدم‌های کوچکی که امروز برای رسیدن به اهداف بزرگم برمی‌دارم ....

لذت‌های امروزم :..

یادداشت‌های روزانه :..

جمله تاکیدی امروز: ....

تاریخ: ... / ... / ...

برنامه‌ریزی روزانه

در این قسمت کارهای روزانه خود را یادداشت کنید.					
ساعت	کارهای روزانه	نتیجه	ساعت	کارهای روزانه	نتیجه

قدم‌های کوچکی که امروز برای رسیدن به اهداف بزرگم برمی‌دارم ....

لذت‌های امروزم : ....

یادداشت‌های روزانه : ....

جمله تاکیدی امروز: ....

تاریخ: ... / ... / ...

برنامه‌ریزی روزانه

در این قسمت کارهای روزانه خود را یادداشت کنید.					
ساعت	کارهای روزانه	نتیجه	ساعت	کارهای روزانه	نتیجه

قدم‌های کوچکی که امروز برای رسیدن به اهداف بزرگم برمی‌دارم ....

لذت‌های امروزم : ....

یادداشت‌های روزانه : ....

جمله تاکیدی امروز: ....

تاریخ: ... / ... / ...

برنامه‌ریزی روزانه

قدم‌های کوچکی که امروز برای رسیدن به اهداف بزرگم برمی‌دارم	در این قسمت کارهای روزانه خود را یادداشت کنید.					
	نتیجه	کارهای روزانه	ساعت	نتیجه	کارهای روزانه	ساعت
....						

لذت‌های امروزم : ....

یادداشت‌های روزانه : ....

جمله تاکیدی امروز: ....

تاریخ: ... / ... / ...

برنامه‌ریزی روزانه

قدم‌های کوچکی که امروز برای رسیدن به اهداف بزرگم برمی‌دارم	در این قسمت کارهای روزانه خود را یادداشت کنید.					
	نتیجه	کارهای روزانه	ساعت	نتیجه	کارهای روزانه	ساعت
....						

لذت‌های امروزم : ....

یادداشت‌های روزانه : ....

جمله تاکیدی امروز: ....

تاریخ: ... / ... / ...

برنامه‌ریزی روزانه

ساعت	کارهای روزانه	نتیجه	ساعت	کارهای روزانه	نتیجه	قدم‌های کوچکی که امروز برای رسیدن به اهداف بزرگم برمی‌دارم
در این قسمت کارهای روزانه خود را یادداشت کنید.						....

لذت‌های امروزم : ....

یادداشت‌های روزانه : ....

جمله تاکیدی امروز: ....

تاریخ: ... / ... / ...

برنامه‌ریزی روزانه

ساعت	کارهای روزانه	نتیجه	ساعت	کارهای روزانه	نتیجه	قدم‌های کوچکی که امروز برای رسیدن به اهداف بزرگم برمی‌دارم
در این قسمت کارهای روزانه خود را یادداشت کنید.						....

لذت‌های امروزم : ....

یادداشت‌های روزانه : ....

جمله تاکیدی امروز: ....

تاریخ: ... / ... / ...

برنامه‌ریزی روزانه

در این قسمت کارهای روزانه خود را یادداشت کنید.						قدم‌های کوچکی که امروز برای رسیدن به اهداف بزرگم برمی‌دارم
ساعت	کارهای روزانه	نتیجه	ساعت	کارهای روزانه	نتیجه	....

لذت‌های امروزم : ....

یادداشت‌های روزانه : ....

جمله تاکیدی امروز: ....

تاریخ: ... / ... / ...

برنامه‌ریزی روزانه

در این قسمت کارهای روزانه خود را یادداشت کنید.						قدم‌های کوچکی که امروز برای رسیدن به اهداف بزرگم برمی‌دارم
ساعت	کارهای روزانه	نتیجه	ساعت	کارهای روزانه	نتیجه	....

لذت‌های امروزم : ....

یادداشت‌های روزانه : ....

جمله تاکیدی امروز: ....

تاریخ: ... / ... / ...

برنامه‌ریزی روزانه

ساعت	کارهای روزانه	نتیجه	ساعت	کارهای روزانه	نتیجه
در این قسمت کارهای روزانه خود را یادداشت کنید.					

قدم‌های کوچکی که امروز برای رسیدن به اهداف بزرگم برمی‌دارم

....

لذت‌های امروزم : ....

یادداشت‌های روزانه : ....

جمله تاکیدی امروز: ....

تاریخ: ... / ... / ...

برنامه‌ریزی روزانه

ساعت	کارهای روزانه	نتیجه	ساعت	کارهای روزانه	نتیجه
در این قسمت کارهای روزانه خود را یادداشت کنید.					

قدم‌های کوچکی که امروز برای رسیدن به اهداف بزرگم برمی‌دارم

....

لذت‌های امروزم : ....

یادداشت‌های روزانه : ....

جمله تاکیدی امروز: ....

تاریخ: ... / ... / ...

برنامه‌ریزی روزانه

قدم‌های کوچکی که امروز برای رسیدن به اهداف بزرگم برمی‌دارم ....

ساعت	کارهای روزانه	نتیجه	ساعت	کارهای روزانه	نتیجه
در این قسمت کارهای روزانه خود را یادداشت کنید.					

لذت‌های امروزم : ....

یادداشت‌های روزانه : ....

جمله تاکیدی امروز: ....

تاریخ: ... / ... / ...

برنامه‌ریزی روزانه

قدم‌های کوچکی که امروز برای رسیدن به اهداف بزرگم برمی‌دارم ....

ساعت	کارهای روزانه	نتیجه	ساعت	کارهای روزانه	نتیجه
در این قسمت کارهای روزانه خود را یادداشت کنید.					

لذت‌های امروزم : ....

یادداشت‌های روزانه : ....

جمله تاکیدی امروز: ....

تاریخ: ... / ... / ...

برنامه‌ریزی روزانه

در این قسمت کارهای روزانه خود را یادداشت کنید.					
ساعت	کارهای روزانه	نتیجه	ساعت	کارهای روزانه	نتیجه

قدم‌های کوچکی که امروز برای رسیدن به اهداف بزرگم برمی‌دارم ....

لذت‌های امروزم : ....

یادداشت‌های روزانه : ....

جمله تاکیدی امروز: ....

تاریخ: ... / ... / ...

برنامه‌ریزی روزانه

در این قسمت کارهای روزانه خود را یادداشت کنید.					
ساعت	کارهای روزانه	نتیجه	ساعت	کارهای روزانه	نتیجه

قدم‌های کوچکی که امروز برای رسیدن به اهداف بزرگم برمی‌دارم ....

لذت‌های امروزم : ....

یادداشت‌های روزانه : ....

جمله تاکیدی امروز: ....

تاریخ: ... / ... / ...

برنامه‌ریزی روزانه

در این قسمت کارهای روزانه خود را یادداشت کنید.					
ساعت	کارهای روزانه	نتیجه	ساعت	کارهای روزانه	نتیجه

قدم‌های کوچکی که امروز برای رسیدن به اهداف بزرگم برمی‌دارم ....

لذت‌های امروزم : ....

یادداشت‌های روزانه : ....

جمله تاکیدی امروز: ....

تاریخ: ... / ... / ...

برنامه‌ریزی روزانه

در این قسمت کارهای روزانه خود را یادداشت کنید.					
ساعت	کارهای روزانه	نتیجه	ساعت	کارهای روزانه	نتیجه

قدم‌های کوچکی که امروز برای رسیدن به اهداف بزرگم برمی‌دارم ....

لذت‌های امروزم : ....

یادداشت‌های روزانه : ....

جمله تاکیدی امروز: ....

تاریخ: ... / ... / ...

برنامه‌ریزی روزانه

در این قسمت کارهای روزانه خود را یادداشت کنید.						
ساعت	کارهای روزانه	نتیجه	ساعت	کارهای روزانه	نتیجه	قدم‌های کوچکی که امروز برای رسیدن به اهداف بزرگم برمی‌دارم ....

لذت‌های امروزم : ....

یادداشت‌های روزانه : ....

جمله تاکیدی امروز: ....

تاریخ: ... / ... / ...

برنامه‌ریزی روزانه

در این قسمت کارهای روزانه خود را یادداشت کنید.						
ساعت	کارهای روزانه	نتیجه	ساعت	کارهای روزانه	نتیجه	قدم‌های کوچکی که امروز برای رسیدن به اهداف بزرگم برمی‌دارم ....

لذت‌های امروزم : ....

یادداشت‌های روزانه : ....

جمله تاکیدی امروز:..

تاریخ: ... / ... / ...

برنامه‌ریزی روزانه

در این قسمت کارهای روزانه خود را یادداشت کنید.

ساعت	کارهای روزانه	نتیجه	ساعت	کارهای روزانه	نتیجه

قدم‌های کوچکی که امروز برای رسیدن به اهداف بزرگم برمی‌دارم

....

لذت‌های امروزم :..

یادداشت‌های روزانه :..

جمله تاکیدی امروز:..

تاریخ: ... / ... / ...

برنامه‌ریزی روزانه

در این قسمت کارهای روزانه خود را یادداشت کنید.

ساعت	کارهای روزانه	نتیجه	ساعت	کارهای روزانه	نتیجه

قدم‌های کوچکی که امروز برای رسیدن به اهداف بزرگم برمی‌دارم

....

لذت‌های امروزم :..

یادداشت‌های روزانه :..

جمله تاکیدی امروز: ....

تاریخ: ... / ... / ...

برنامه‌ریزی روزانه

ساعت	کارهای روزانه	نتیجه	ساعت	کارهای روزانه	نتیجه
در این قسمت کارهای روزانه خود را یادداشت کنید.					

قدم‌های کوچکی که امروز برای رسیدن به اهداف بزرگم برمی‌دارم ....

لذت‌های امروزم : ....

یادداشت‌های روزانه : ....

جمله تاکیدی امروز: ....

تاریخ: ... / ... / ...

برنامه‌ریزی روزانه

ساعت	کارهای روزانه	نتیجه	ساعت	کارهای روزانه	نتیجه
در این قسمت کارهای روزانه خود را یادداشت کنید.					

قدم‌های کوچکی که امروز برای رسیدن به اهداف بزرگم برمی‌دارم ....

لذت‌های امروزم : ....

یادداشت‌های روزانه : ....

جمله تاکیدی امروز: ....

تاریخ: ... / ... / ...

برنامه‌ریزی روزانه

در این قسمت کارهای روزانه خود را یادداشت کنید.					
ساعت	کارهای روزانه	نتیجه	ساعت	کارهای روزانه	نتیجه

قدم‌های کوچکی که امروز برای رسیدن به اهداف بزرگم برمی‌دارم

....

لذت‌های امروزم : ....

یادداشت‌های روزانه : ....

جمله تاکیدی امروز: ....

تاریخ: ... / ... / ...

برنامه‌ریزی روزانه

در این قسمت کارهای روزانه خود را یادداشت کنید.					
ساعت	کارهای روزانه	نتیجه	ساعت	کارهای روزانه	نتیجه

قدم‌های کوچکی که امروز برای رسیدن به اهداف بزرگم برمی‌دارم

....

لذت‌های امروزم : ....

یادداشت‌های روزانه : ....

جمله تاکیدی امروز: ....

تاریخ: ... / ... / ...

برنامه‌ریزی روزانه

ساعت	کارهای روزانه	نتیجه	ساعت	کارهای روزانه	نتیجه	قدم‌های کوچکی که امروز برای رسیدن به اهداف بزرگم برمی‌دارم
در این قسمت کارهای روزانه خود را یادداشت کنید.						
						....

لذت‌های امروزم : ....

یادداشت‌های روزانه : ....

جمله تاکیدی امروز: ....

تاریخ: ... / ... / ...

برنامه‌ریزی روزانه

ساعت	کارهای روزانه	نتیجه	ساعت	کارهای روزانه	نتیجه	قدم‌های کوچکی که امروز برای رسیدن به اهداف بزرگم برمی‌دارم
در این قسمت کارهای روزانه خود را یادداشت کنید.						
						....

لذت‌های امروزم : ....

یادداشت‌های روزانه : ....

جمله تاکیدی امروز: ....

تاریخ: ... / ... / ...

برنامه‌ریزی روزانه

در این قسمت کارهای روزانه خود را یادداشت کنید.						
ساعت	کارهای روزانه	نتیجه	ساعت	کارهای روزانه	نتیجه	قدم‌های کوچکی که امروز برای رسیدن به اهداف بزرگم برمی‌دارم ....

لذت‌های امروزم : ....

یادداشت‌های روزانه : ....

جمله تاکیدی امروز: ....

تاریخ: ... / ... / ...

برنامه‌ریزی روزانه

در این قسمت کارهای روزانه خود را یادداشت کنید.						
ساعت	کارهای روزانه	نتیجه	ساعت	کارهای روزانه	نتیجه	قدم‌های کوچکی که امروز برای رسیدن به اهداف بزرگم برمی‌دارم ....

لذت‌های امروزم : ....

یادداشت‌های روزانه : ....

جمله تاکیدی امروز: ....

تاریخ: ... / ... / ...

برنامه‌ریزی روزانه

ساعت	کارهای روزانه	نتیجه	ساعت	کارهای روزانه	نتیجه
در این قسمت کارهای روزانه خود را یادداشت کنید.					

قدم‌های کوچکی که امروز برای رسیدن به اهداف بزرگم برمی‌دارم ....

لذت‌های امروزم : ....

یادداشت‌های روزانه : ....

جمله تاکیدی امروز: ....

تاریخ: ... / ... / ...

برنامه‌ریزی روزانه

ساعت	کارهای روزانه	نتیجه	ساعت	کارهای روزانه	نتیجه
در این قسمت کارهای روزانه خود را یادداشت کنید.					

قدم‌های کوچکی که امروز برای رسیدن به اهداف بزرگم برمی‌دارم ....

لذت‌های امروزم : ....

یادداشت‌های روزانه : ....

جمله تاکیدی امروز:..

تاریخ: ... / ... / ...

برنامه‌ریزی روزانه

در این قسمت کارهای روزانه خود را یادداشت کنید.					
ساعت	کارهای روزانه	نتیجه	ساعت	کارهای روزانه	نتیجه

قدم‌های کوچکی که امروز برای رسیدن به اهداف بزرگم برمی‌دارم

....

لذت‌های امروزم :..

یادداشت‌های روزانه :..

جمله تاکیدی امروز:..

تاریخ: ... / ... / ...

برنامه‌ریزی روزانه

در این قسمت کارهای روزانه خود را یادداشت کنید.					
ساعت	کارهای روزانه	نتیجه	ساعت	کارهای روزانه	نتیجه

قدم‌های کوچکی که امروز برای رسیدن به اهداف بزرگم برمی‌دارم

....

لذت‌های امروزم :..

یادداشت‌های روزانه :..

جمله تاکیدی امروز: ....

تاریخ: ... / ... / ...

برنامه‌ریزی روزانه

ساعت	کارهای روزانه	نتیجه	ساعت	کارهای روزانه	نتیجه
در این قسمت کارهای روزانه خود را یادداشت کنید.					

قدم‌های کوچکی که امروز برای رسیدن به اهداف بزرگم برمی‌دارم ....

لذت‌های امروزم : ....

یادداشت‌های روزانه : ....

جمله تاکیدی امروز: ....

تاریخ: ... / ... / ...

برنامه‌ریزی روزانه

ساعت	کارهای روزانه	نتیجه	ساعت	کارهای روزانه	نتیجه
در این قسمت کارهای روزانه خود را یادداشت کنید.					

قدم‌های کوچکی که امروز برای رسیدن به اهداف بزرگم برمی‌دارم ....

لذت‌های امروزم : ....

یادداشت‌های روزانه : ....

جمله تاکیدی امروز:..

تاریخ: ... / ... / ...

برنامه‌ریزی روزانه

قدم‌های کوچکی که امروز برای رسیدن به اهداف بزرگم برمی‌دارم

....

در این قسمت کارهای روزانه خود را یادداشت کنید.					
ساعت	کارهای روزانه	نتیجه	ساعت	کارهای روزانه	نتیجه

لذت‌های امروزم : ....

یادداشت‌های روزانه : ....

جمله تاکیدی امروز:..

تاریخ: ... / ... / ...

برنامه‌ریزی روزانه

قدم‌های کوچکی که امروز برای رسیدن به اهداف بزرگم برمی‌دارم

....

در این قسمت کارهای روزانه خود را یادداشت کنید.					
ساعت	کارهای روزانه	نتیجه	ساعت	کارهای روزانه	نتیجه

لذت‌های امروزم : ....

یادداشت‌های روزانه : ....

جمله تاکیدی امروز: ....

تاریخ: ... / ... / ...

برنامه‌ریزی روزانه

در این قسمت کارهای روزانه خود را یادداشت کنید.						
ساعت	کارهای روزانه	نتیجه	ساعت	کارهای روزانه	نتیجه	قدم‌های کوچکی که امروز برای رسیدن به اهداف بزرگم برمی‌دارم ....

لذت‌های امروزم : ....

یادداشت‌های روزانه : ....

جمله تاکیدی امروز: ....

تاریخ: ... / ... / ...

برنامه‌ریزی روزانه

در این قسمت کارهای روزانه خود را یادداشت کنید.						
ساعت	کارهای روزانه	نتیجه	ساعت	کارهای روزانه	نتیجه	قدم‌های کوچکی که امروز برای رسیدن به اهداف بزرگم برمی‌دارم ....

لذت‌های امروزم : ....

یادداشت‌های روزانه : ....

جمله تاکیدی امروز: ....

تاریخ: ... / ... / ...

برنامه‌ریزی روزانه

در این قسمت کارهای روزانه خود را یادداشت کنید.						قدم‌های کوچکی که امروز برای رسیدن به اهداف بزرگم برمی‌دارم
ساعت	کارهای روزانه	نتیجه	ساعت	کارهای روزانه	نتیجه	....

لذت‌های امروزم : ....

یادداشت‌های روزانه : ....

جمله تاکیدی امروز: ....

تاریخ: ... / ... / ...

برنامه‌ریزی روزانه

در این قسمت کارهای روزانه خود را یادداشت کنید.						قدم‌های کوچکی که امروز برای رسیدن به اهداف بزرگم برمی‌دارم
ساعت	کارهای روزانه	نتیجه	ساعت	کارهای روزانه	نتیجه	....

لذت‌های امروزم : ....

یادداشت‌های روزانه : ....

جمله تاکیدی امروز: ....

تاریخ: ... / ... / ...

برنامه‌ریزی روزانه

ساعت	کارهای روزانه	نتیجه	ساعت	کارهای روزانه	نتیجه	قدم‌های کوچکی که امروز برای رسیدن به اهداف بزرگم برمی‌دارم
در این قسمت کارهای روزانه خود را یادداشت کنید.						
						....

لذت‌های امروزم : ....

یادداشت‌های روزانه : ....

جمله تاکیدی امروز: ....

تاریخ: ... / ... / ...

برنامه‌ریزی روزانه

ساعت	کارهای روزانه	نتیجه	ساعت	کارهای روزانه	نتیجه	قدم‌های کوچکی که امروز برای رسیدن به اهداف بزرگم برمی‌دارم
در این قسمت کارهای روزانه خود را یادداشت کنید.						
						....

لذت‌های امروزم : ....

یادداشت‌های روزانه : ....

جمله تاکیدی امروز: ....

تاریخ: ... / ... / ...

برنامه‌ریزی روزانه

در این قسمت کارهای روزانه خود را یادداشت کنید.					
ساعت	کارهای روزانه	نتیجه	ساعت	کارهای روزانه	نتیجه

قدم‌های کوچکی که امروز برای رسیدن به اهداف بزرگم برمی‌دارم ....

لذت‌های امروزم : ....

یادداشت‌های روزانه : ....

جمله تاکیدی امروز: ....

تاریخ: ... / ... / ...

برنامه‌ریزی روزانه

در این قسمت کارهای روزانه خود را یادداشت کنید.					
ساعت	کارهای روزانه	نتیجه	ساعت	کارهای روزانه	نتیجه

قدم‌های کوچکی که امروز برای رسیدن به اهداف بزرگم برمی‌دارم ....

لذت‌های امروزم : ....

یادداشت‌های روزانه : ....

جمله تاکیدی امروز: ....

تاریخ: ... / ... / ...

برنامه‌ریزی روزانه

ساعت	کارهای روزانه	نتیجه	ساعت	کارهای روزانه	نتیجه

در این قسمت کارهای روزانه خود را یادداشت کنید.

قدم‌های کوچکی که امروز برای رسیدن به اهداف بزرگم برمی‌دارم ....

لذت‌های امروزم : ....

یادداشت‌های روزانه : ....

جمله تاکیدی امروز: ....

تاریخ: ... / ... / ...

برنامه‌ریزی روزانه

ساعت	کارهای روزانه	نتیجه	ساعت	کارهای روزانه	نتیجه

در این قسمت کارهای روزانه خود را یادداشت کنید.

قدم‌های کوچکی که امروز برای رسیدن به اهداف بزرگم برمی‌دارم ....

لذت‌های امروزم : ....

یادداشت‌های روزانه : ....

جمله تاکیدی امروز: ....

تاریخ: ... / ... / ...

برنامه‌ریزی روزانه

قدم‌های کوچکی که امروز برای رسیدن به اهداف بزرگم برمی‌دارم ....

در این قسمت کارهای روزانه خود را یادداشت کنید.					
ساعت	کارهای روزانه	نتیجه	ساعت	کارهای روزانه	نتیجه

لذت‌های امروزم : ....

یادداشت‌های روزانه : ....

جمله تاکیدی امروز: ....

تاریخ: ... / ... / ...

برنامه‌ریزی روزانه

قدم‌های کوچکی که امروز برای رسیدن به اهداف بزرگم برمی‌دارم ....

در این قسمت کارهای روزانه خود را یادداشت کنید.					
ساعت	کارهای روزانه	نتیجه	ساعت	کارهای روزانه	نتیجه

لذت‌های امروزم : ....

یادداشت‌های روزانه : ....

جمله تاکیدی امروز: ....

تاریخ: ... / ... / ...

برنامه‌ریزی روزانه

ساعت	کارهای روزانه	نتیجه	ساعت	کارهای روزانه	نتیجه	قدم‌های کوچکی که امروز برای رسیدن به اهداف بزرگم برمی‌دارم
در این قسمت کارهای روزانه خود را یادداشت کنید.						
						....

لذت‌های امروزم : ....

یادداشت‌های روزانه : ....

جمله تاکیدی امروز: ....

تاریخ: ... / ... / ...

برنامه‌ریزی روزانه

ساعت	کارهای روزانه	نتیجه	ساعت	کارهای روزانه	نتیجه	قدم‌های کوچکی که امروز برای رسیدن به اهداف بزرگم برمی‌دارم
در این قسمت کارهای روزانه خود را یادداشت کنید.						
						....

لذت‌های امروزم : ....

یادداشت‌های روزانه : ....

جمله تاکیدی امروز:..

تاریخ: ... / ... / ...

برنامه‌ریزی روزانه

ساعت	کارهای روزانه	نتیجه	ساعت	کارهای روزانه	نتیجه
در این قسمت کارهای روزانه خود را یادداشت کنید.					

قدم‌های کوچکی که امروز برای رسیدن به اهداف بزرگم برمی‌دارم ....

لذت‌های امروزم :..

یادداشت‌های روزانه :..

جمله تاکیدی امروز:..

تاریخ: ... / ... / ...

برنامه‌ریزی روزانه

ساعت	کارهای روزانه	نتیجه	ساعت	کارهای روزانه	نتیجه
در این قسمت کارهای روزانه خود را یادداشت کنید.					

قدم‌های کوچکی که امروز برای رسیدن به اهداف بزرگم برمی‌دارم ....

لذت‌های امروزم :..

یادداشت‌های روزانه :..

جمله تاکیدی امروز: ....

تاریخ: ... / ... / ...

برنامه‌ریزی روزانه

ساعت	کارهای روزانه	نتیجه	ساعت	کارهای روزانه	نتیجه	قدم‌های کوچکی که امروز برای رسیدن به اهداف بزرگم برمی‌دارم
در این قسمت کارهای روزانه خود را یادداشت کنید.						....

لذت‌های امروزم : ....

یادداشت‌های روزانه : ....

جمله تاکیدی امروز: ....

تاریخ: ... / ... / ...

برنامه‌ریزی روزانه

ساعت	کارهای روزانه	نتیجه	ساعت	کارهای روزانه	نتیجه	قدم‌های کوچکی که امروز برای رسیدن به اهداف بزرگم برمی‌دارم
در این قسمت کارهای روزانه خود را یادداشت کنید.						....

لذت‌های امروزم : ....

یادداشت‌های روزانه : ....

جمله تاکیدی امروز: ....

تاریخ: ... / ... / ...

برنامه‌ریزی روزانه

ساعت	کارهای روزانه	نتیجه	ساعت	کارهای روزانه	نتیجه	قدم‌های کوچکی که امروز برای رسیدن به اهداف بزرگم برمی‌دارم
در این قسمت کارهای روزانه خود را یادداشت کنید.						....

لذت‌های امروزم : ....

یادداشت‌های روزانه : ....

جمله تاکیدی امروز: ....

تاریخ: ... / ... / ...

برنامه‌ریزی روزانه

ساعت	کارهای روزانه	نتیجه	ساعت	کارهای روزانه	نتیجه	قدم‌های کوچکی که امروز برای رسیدن به اهداف بزرگم برمی‌دارم
در این قسمت کارهای روزانه خود را یادداشت کنید.						....

لذت‌های امروزم : ....

یادداشت‌های روزانه : ....

جمله تاکیدی امروز: ....

تاریخ: ... / ... / ...

برنامه‌ریزی روزانه

در این قسمت کارهای روزانه خود را یادداشت کنید.					
ساعت	کارهای روزانه	نتیجه	ساعت	کارهای روزانه	نتیجه

قدم‌های کوچکی که امروز برای رسیدن به اهداف بزرگم برمی‌دارم
....

لذت‌های امروزم : ....

یادداشت‌های روزانه : ....

جمله تاکیدی امروز: ....

تاریخ: ... / ... / ...

برنامه‌ریزی روزانه

در این قسمت کارهای روزانه خود را یادداشت کنید.					
ساعت	کارهای روزانه	نتیجه	ساعت	کارهای روزانه	نتیجه

قدم‌های کوچکی که امروز برای رسیدن به اهداف بزرگم برمی‌دارم
....

لذت‌های امروزم : ....

یادداشت‌های روزانه : ....

جمله تاکیدی امروز: ....

تاریخ: ... / ... / ...

برنامه‌ریزی روزانه

در این قسمت کارهای روزانه خود را یادداشت کنید.					
ساعت	کارهای روزانه	نتیجه	ساعت	کارهای روزانه	نتیجه

قدم‌های کوچکی که امروز برای رسیدن به اهداف بزرگم برمی‌دارم ....

لذت‌های امروزم : ....

یادداشت‌های روزانه : ....

جمله تاکیدی امروز: ....

تاریخ: ... / ... / ...

برنامه‌ریزی روزانه

در این قسمت کارهای روزانه خود را یادداشت کنید.					
ساعت	کارهای روزانه	نتیجه	ساعت	کارهای روزانه	نتیجه

قدم‌های کوچکی که امروز برای رسیدن به اهداف بزرگم برمی‌دارم ....

لذت‌های امروزم : ....

یادداشت‌های روزانه : ....

جمله تاکیدی امروز: ....

تاریخ: ... / ... / ...

برنامه‌ریزی روزانه

قدم‌های کوچکی که امروز برای رسیدن به اهداف بزرگم برمی‌دارم	در این قسمت کارهای روزانه خود را یادداشت کنید.					
	ساعت	کارهای روزانه	نتیجه	ساعت	کارهای روزانه	نتیجه
....						

لذت‌های امروزم : ....

یادداشت‌های روزانه : ....

جمله تاکیدی امروز: ....

تاریخ: ... / ... / ...

برنامه‌ریزی روزانه

قدم‌های کوچکی که امروز برای رسیدن به اهداف بزرگم برمی‌دارم	در این قسمت کارهای روزانه خود را یادداشت کنید.					
	ساعت	کارهای روزانه	نتیجه	ساعت	کارهای روزانه	نتیجه
....						

لذت‌های امروزم : ....

یادداشت‌های روزانه : ....

جمله تاکیدی امروز: ....

تاریخ: ... / ... / ...

برنامه‌ریزی روزانه

در این قسمت کارهای روزانه خود را یادداشت کنید.					
ساعت	کارهای روزانه	نتیجه	ساعت	کارهای روزانه	نتیجه

قدم‌های کوچکی که امروز برای رسیدن به اهداف بزرگم برمی‌دارم

....

لذت‌های امروزم : ....

یادداشت‌های روزانه : ....

جمله تاکیدی امروز: ....

تاریخ: ... / ... / ...

برنامه‌ریزی روزانه

در این قسمت کارهای روزانه خود را یادداشت کنید.					
ساعت	کارهای روزانه	نتیجه	ساعت	کارهای روزانه	نتیجه

قدم‌های کوچکی که امروز برای رسیدن به اهداف بزرگم برمی‌دارم

....

لذت‌های امروزم : ....

یادداشت‌های روزانه : ....

جمله تاکیدی امروز: ....

تاریخ: ... / ... / ...

برنامه‌ریزی روزانه

قدم‌های کوچکی که امروز برای رسیدن به اهداف بزرگم برمی‌دارم
....

در این قسمت کارهای روزانه خود را یادداشت کنید.

ساعت	کارهای روزانه	نتیجه	ساعت	کارهای روزانه	نتیجه

لذت‌های امروزم : ....

یادداشت‌های روزانه : ....

جمله تاکیدی امروز: ....

تاریخ: ... / ... / ...

برنامه‌ریزی روزانه

قدم‌های کوچکی که امروز برای رسیدن به اهداف بزرگم برمی‌دارم
....

در این قسمت کارهای روزانه خود را یادداشت کنید.

ساعت	کارهای روزانه	نتیجه	ساعت	کارهای روزانه	نتیجه

لذت‌های امروزم : ....

یادداشت‌های روزانه : ....

جمله تاکیدی امروز: ....

تاریخ: ... / ... / ...

برنامه‌ریزی روزانه

قدم‌های کوچکی که امروز برای رسیدن به اهداف بزرگم برمی‌دارم

در این قسمت کارهای روزانه خود را یادداشت کنید.

ساعت	کارهای روزانه	نتیجه	ساعت	کارهای روزانه	نتیجه

لذت‌های امروزم : ....

یادداشت‌های روزانه : ....

جمله تاکیدی امروز: ....

تاریخ: ... / ... / ...

برنامه‌ریزی روزانه

قدم‌های کوچکی که امروز برای رسیدن به اهداف بزرگم برمی‌دارم

در این قسمت کارهای روزانه خود را یادداشت کنید.

ساعت	کارهای روزانه	نتیجه	ساعت	کارهای روزانه	نتیجه

لذت‌های امروزم : ....

یادداشت‌های روزانه : ....

جمله تاکیدی امروز: ....

تاریخ: ... / ... / ...

برنامه‌ریزی روزانه

ساعت	کارهای روزانه	نتیجه	ساعت	کارهای روزانه	نتیجه
در این قسمت کارهای روزانه خود را یادداشت کنید.					

قدم‌های کوچکی که امروز برای رسیدن به اهداف بزرگم برمی‌دارم ....

لذت‌های امروزم : ....

یادداشت‌های روزانه : ....

جمله تاکیدی امروز: ....

تاریخ: ... / ... / ...

برنامه‌ریزی روزانه

ساعت	کارهای روزانه	نتیجه	ساعت	کارهای روزانه	نتیجه
در این قسمت کارهای روزانه خود را یادداشت کنید.					

قدم‌های کوچکی که امروز برای رسیدن به اهداف بزرگم برمی‌دارم ....

لذت‌های امروزم : ....

یادداشت‌های روزانه : ....

جمله تاکیدی امروز: ....

تاریخ: ... / ... / ...

برنامه‌ریزی روزانه

در این قسمت کارهای روزانه خود را یادداشت کنید.					
ساعت	کارهای روزانه	نتیجه	ساعت	کارهای روزانه	نتیجه

قدم‌های کوچکی که امروز برای رسیدن به اهداف بزرگم برمی‌دارم ....

لذت‌های امروزم : ....

یادداشت‌های روزانه : ....

جمله تاکیدی امروز: ....

تاریخ: ... / ... / ...

برنامه‌ریزی روزانه

در این قسمت کارهای روزانه خود را یادداشت کنید.					
ساعت	کارهای روزانه	نتیجه	ساعت	کارهای روزانه	نتیجه

قدم‌های کوچکی که امروز برای رسیدن به اهداف بزرگم برمی‌دارم ....

لذت‌های امروزم : ....

یادداشت‌های روزانه : ....

جمله تاکیدی امروز: ....

تاریخ: ... / ... / ...

برنامه‌ریزی روزانه

ساعت	کارهای روزانه	نتیجه	ساعت	کارهای روزانه	نتیجه
در این قسمت کارهای روزانه خود را یادداشت کنید.					

قدم‌های کوچکی که امروز برای رسیدن به اهداف بزرگم برمی‌دارم ....

لذت‌های امروزم : ....

یادداشت‌های روزانه : ....

جمله تاکیدی امروز: ....

تاریخ: ... / ... / ...

برنامه‌ریزی روزانه

ساعت	کارهای روزانه	نتیجه	ساعت	کارهای روزانه	نتیجه
در این قسمت کارهای روزانه خود را یادداشت کنید.					

قدم‌های کوچکی که امروز برای رسیدن به اهداف بزرگم برمی‌دارم ....

لذت‌های امروزم : ....

یادداشت‌های روزانه : ....

جمله تاکیدی امروز: ....

تاریخ: ... / ... / ...

برنامه‌ریزی روزانه

ساعت	کارهای روزانه	نتیجه	ساعت	کارهای روزانه	نتیجه
در این قسمت کارهای روزانه خود را یادداشت کنید.					

قدم‌های کوچکی که امروز برای رسیدن به اهداف بزرگم برمی‌دارم ....

لذت‌های امروزم : ....

یادداشت‌های روزانه : ....

جمله تاکیدی امروز: ....

تاریخ: ... / ... / ...

برنامه‌ریزی روزانه

ساعت	کارهای روزانه	نتیجه	ساعت	کارهای روزانه	نتیجه
در این قسمت کارهای روزانه خود را یادداشت کنید.					

قدم‌های کوچکی که امروز برای رسیدن به اهداف بزرگم برمی‌دارم ....

لذت‌های امروزم : ....

یادداشت‌های روزانه : ....

جمله تاکیدی امروز: ....

تاریخ: ... / ... / ...

برنامه‌ریزی روزانه

قدم‌های کوچکی که امروز برای رسیدن به اهداف بزرگم برمی‌دارم
....

در این قسمت کارهای روزانه خود را یادداشت کنید.					
ساعت	کارهای روزانه	نتیجه	ساعت	کارهای روزانه	نتیجه

لذت‌های امروزم : ....

یادداشت‌های روزانه : ....

جمله تاکیدی امروز: ....

تاریخ: ... / ... / ...

برنامه‌ریزی روزانه

قدم‌های کوچکی که امروز برای رسیدن به اهداف بزرگم برمی‌دارم
....

در این قسمت کارهای روزانه خود را یادداشت کنید.					
ساعت	کارهای روزانه	نتیجه	ساعت	کارهای روزانه	نتیجه

لذت‌های امروزم : ....

یادداشت‌های روزانه : ....

جمله تاکیدی امروز: ....

تاریخ: ... / ... / ...

برنامه‌ریزی روزانه

در این قسمت کارهای روزانه خود را یادداشت کنید.					
ساعت	کارهای روزانه	نتیجه	ساعت	کارهای روزانه	نتیجه

قدم‌های کوچکی که امروز برای رسیدن به اهداف بزرگم برمی‌دارم ....

لذت‌های امروزم : ....

یادداشت‌های روزانه : ....

جمله تاکیدی امروز: ....

تاریخ: ... / ... / ...

برنامه‌ریزی روزانه

در این قسمت کارهای روزانه خود را یادداشت کنید.					
ساعت	کارهای روزانه	نتیجه	ساعت	کارهای روزانه	نتیجه

قدم‌های کوچکی که امروز برای رسیدن به اهداف بزرگم برمی‌دارم ....

لذت‌های امروزم : ....

یادداشت‌های روزانه : ....

جمله تاکیدی امروز: ....

تاریخ: ... / ... / ...

برنامه‌ریزی روزانه

ساعت	کارهای روزانه	نتیجه	ساعت	کارهای روزانه	نتیجه
در این قسمت کارهای روزانه خود را یادداشت کنید.					

قدم‌های کوچکی که امروز برای رسیدن به اهداف بزرگم برمی‌دارم ....

لذت‌های امروزم : ....

یادداشت‌های روزانه : ....

جمله تاکیدی امروز: ....

تاریخ: ... / ... / ...

برنامه‌ریزی روزانه

ساعت	کارهای روزانه	نتیجه	ساعت	کارهای روزانه	نتیجه
در این قسمت کارهای روزانه خود را یادداشت کنید.					

قدم‌های کوچکی که امروز برای رسیدن به اهداف بزرگم برمی‌دارم ....

لذت‌های امروزم : ....

یادداشت‌های روزانه : ....

جمله تاکیدی امروز:..

تاریخ: ... / ... / ...

برنامه‌ریزی روزانه

ساعت	کارهای روزانه	نتیجه	ساعت	کارهای روزانه	نتیجه
در این قسمت کارهای روزانه خود را یادداشت کنید.					

قدم‌های کوچکی که امروز برای رسیدن به اهداف بزرگم برمی‌دارم ....

لذت‌های امروزم :..

یادداشت‌های روزانه : ....

جمله تاکیدی امروز:..

تاریخ: ... / ... / ...

برنامه‌ریزی روزانه

ساعت	کارهای روزانه	نتیجه	ساعت	کارهای روزانه	نتیجه
در این قسمت کارهای روزانه خود را یادداشت کنید.					

قدم‌های کوچکی که امروز برای رسیدن به اهداف بزرگم برمی‌دارم ....

لذت‌های امروزم : ....

یادداشت‌های روزانه : ....

جمله تاکیدی امروز: ....

تاریخ: ... / ... / ...

برنامه‌ریزی روزانه

ساعت	کارهای روزانه	نتیجه	ساعت	کارهای روزانه	نتیجه	قدم‌های کوچکی که امروز برای رسیدن به اهداف بزرگم برمی‌دارم
در این قسمت کارهای روزانه خود را یادداشت کنید.						....

لذت‌های امروزم : ....

یادداشت‌های روزانه : ....

جمله تاکیدی امروز: ....

تاریخ: ... / ... / ...

برنامه‌ریزی روزانه

ساعت	کارهای روزانه	نتیجه	ساعت	کارهای روزانه	نتیجه	قدم‌های کوچکی که امروز برای رسیدن به اهداف بزرگم برمی‌دارم
در این قسمت کارهای روزانه خود را یادداشت کنید.						....

لذت‌های امروزم : ....

یادداشت‌های روزانه : ....

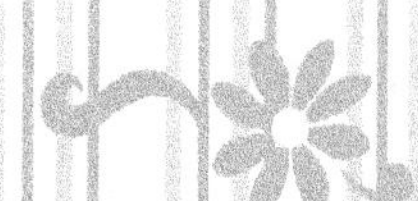

جمله تاکیدی امروز:..

تاریخ: ... / ... / ...

برنامه‌ریزی روزانه

در این قسمت کارهای روزانه خود را یادداشت کنید.					
ساعت	کارهای روزانه	نتیجه	ساعت	کارهای روزانه	نتیجه

قدم‌های کوچکی که امروز برای رسیدن به اهداف بزرگم برمی‌دارم ....

لذت‌های امروزم :..

یادداشت‌های روزانه :..

جمله تاکیدی امروز:..

تاریخ: ... / ... / ...

برنامه‌ریزی روزانه

در این قسمت کارهای روزانه خود را یادداشت کنید.					
ساعت	کارهای روزانه	نتیجه	ساعت	کارهای روزانه	نتیجه

قدم‌های کوچکی که امروز برای رسیدن به اهداف بزرگم برمی‌دارم ....

لذت‌های امروزم :..

یادداشت‌های روزانه :..

جمله تاکیدی امروز: ....

تاریخ: ... / ... / ...

برنامه‌ریزی روزانه

در این قسمت کارهای روزانه خود را یادداشت کنید.					
ساعت	کارهای روزانه	نتیجه	ساعت	کارهای روزانه	نتیجه

قدم‌های کوچکی که امروز برای رسیدن به اهداف بزرگم برمی‌دارم ....

لذت‌های امروزم : ....

یادداشت‌های روزانه : ....

جمله تاکیدی امروز: ....

تاریخ: ... / ... / ...

برنامه‌ریزی روزانه

در این قسمت کارهای روزانه خود را یادداشت کنید.					
ساعت	کارهای روزانه	نتیجه	ساعت	کارهای روزانه	نتیجه

قدم‌های کوچکی که امروز برای رسیدن به اهداف بزرگم برمی‌دارم ....

لذت‌های امروزم : ....

یادداشت‌های روزانه : ....

جمله تاکیدی امروز: ....

تاریخ: ... / ... / ...

برنامه‌ریزی روزانه

در این قسمت کارهای روزانه خود را یادداشت کنید.						قدم‌های کوچکی که امروز برای رسیدن به اهداف بزرگم برمی‌دارم ....
ساعت	کارهای روزانه	نتیجه	ساعت	کارهای روزانه	نتیجه	

لذت‌های امروزم : ....

یادداشت‌های روزانه : ....

جمله تاکیدی امروز: ....

تاریخ: ... / ... / ...

برنامه‌ریزی روزانه

در این قسمت کارهای روزانه خود را یادداشت کنید.						قدم‌های کوچکی که امروز برای رسیدن به اهداف بزرگم برمی‌دارم ....
ساعت	کارهای روزانه	نتیجه	ساعت	کارهای روزانه	نتیجه	

لذت‌های امروزم : ....

یادداشت‌های روزانه : ....

جمله تاکیدی امروز: ....

تاریخ: ... / ... / ...

برنامه‌ریزی روزانه

ساعت	کارهای روزانه	نتیجه	ساعت	کارهای روزانه	نتیجه	قدم‌های کوچکی که امروز برای رسیدن به اهداف بزرگم برمی‌دارم
در این قسمت کارهای روزانه خود را یادداشت کنید.						....

لذت‌های امروزم : ....

یادداشت‌های روزانه : ....

جمله تاکیدی امروز: ....

تاریخ: ... / ... / ...

برنامه‌ریزی روزانه

ساعت	کارهای روزانه	نتیجه	ساعت	کارهای روزانه	نتیجه	قدم‌های کوچکی که امروز برای رسیدن به اهداف بزرگم برمی‌دارم
در این قسمت کارهای روزانه خود را یادداشت کنید.						....

لذت‌های امروزم : ....

یادداشت‌های روزانه : ....

جمله تاکیدی امروز: ....

تاریخ: ... / ... / ...

برنامه‌ریزی روزانه

قدم‌های کوچکی که امروز برای رسیدن به اهداف بزرگم برمی‌دارم ....

در این قسمت کارهای روزانه خود را یادداشت کنید.					
ساعت	کارهای روزانه	نتیجه	ساعت	کارهای روزانه	نتیجه

لذت‌های امروزم : ....

یادداشت‌های روزانه : ....

جمله تاکیدی امروز: ....

تاریخ: ... / ... / ...

برنامه‌ریزی روزانه

قدم‌های کوچکی که امروز برای رسیدن به اهداف بزرگم برمی‌دارم ....

در این قسمت کارهای روزانه خود را یادداشت کنید.					
ساعت	کارهای روزانه	نتیجه	ساعت	کارهای روزانه	نتیجه

لذت‌های امروزم : ....

یادداشت‌های روزانه : ....

جمله تاکیدی امروز: ....

تاریخ: ... / ... / ...

برنامه‌ریزی روزانه

قدم‌های کوچکی که امروز برای رسیدن به اهداف بزرگم برمی‌دارم	در این قسمت کارهای روزانه خود را یادداشت کنید.					
	ساعت	کارهای روزانه	نتیجه	ساعت	کارهای روزانه	نتیجه
....						

لذت‌های امروزم : ....

یادداشت‌های روزانه : ....

جمله تاکیدی امروز: ....

تاریخ: ... / ... / ...

برنامه‌ریزی روزانه

قدم‌های کوچکی که امروز برای رسیدن به اهداف بزرگم برمی‌دارم	در این قسمت کارهای روزانه خود را یادداشت کنید.					
	ساعت	کارهای روزانه	نتیجه	ساعت	کارهای روزانه	نتیجه
....						

لذت‌های امروزم : ....

یادداشت‌های روزانه : ....

جمله تاکیدی امروز:..

تاریخ: ... / ... / ...

برنامه‌ریزی روزانه

ساعت	کارهای روزانه	نتیجه	ساعت	کارهای روزانه	نتیجه
در این قسمت کارهای روزانه خود را یادداشت کنید.					

قدم‌های کوچکی که امروز برای رسیدن به اهداف بزرگم برمی‌دارم ....

لذت‌های امروزم :..

یادداشت‌های روزانه :..

جمله تاکیدی امروز:..

تاریخ: ... / ... / ...

برنامه‌ریزی روزانه

ساعت	کارهای روزانه	نتیجه	ساعت	کارهای روزانه	نتیجه
در این قسمت کارهای روزانه خود را یادداشت کنید.					

قدم‌های کوچکی که امروز برای رسیدن به اهداف بزرگم برمی‌دارم ....

لذت‌های امروزم :..

یادداشت‌های روزانه :..

جمله تاکیدی امروز: ....

تاریخ: ... / ... / ...

برنامه‌ریزی روزانه

ساعت	کارهای روزانه	نتیجه	ساعت	کارهای روزانه	نتیجه
در این قسمت کارهای روزانه خود را یادداشت کنید.					

قدم‌های کوچکی که امروز برای رسیدن به اهداف بزرگم برمی‌دارم
....

لذت‌های امروزم : ....

یادداشت‌های روزانه : ....

جمله تاکیدی امروز: ....

تاریخ: ... / ... / ...

برنامه‌ریزی روزانه

ساعت	کارهای روزانه	نتیجه	ساعت	کارهای روزانه	نتیجه
در این قسمت کارهای روزانه خود را یادداشت کنید.					

قدم‌های کوچکی که امروز برای رسیدن به اهداف بزرگم برمی‌دارم
....

لذت‌های امروزم : ....

یادداشت‌های روزانه : ....

جمله تاکیدی امروز: ....

تاریخ: ... / ... / ...

برنامه‌ریزی روزانه

ساعت	کارهای روزانه	نتیجه	ساعت	کارهای روزانه	نتیجه
در این قسمت کارهای روزانه خود را یادداشت کنید.					

قدم‌های کوچکی که امروز برای رسیدن به اهداف بزرگم برمی‌دارم

....

لذت‌های امروزم : ....

یادداشت‌های روزانه : ....

جمله تاکیدی امروز: ....

تاریخ: ... / ... / ...

برنامه‌ریزی روزانه

ساعت	کارهای روزانه	نتیجه	ساعت	کارهای روزانه	نتیجه
در این قسمت کارهای روزانه خود را یادداشت کنید.					

قدم‌های کوچکی که امروز برای رسیدن به اهداف بزرگم برمی‌دارم

....

لذت‌های امروزم : ....

یادداشت‌های روزانه : ....

جمله تاکیدی امروز: ....

تاریخ: ... / ... / ...

برنامه‌ریزی روزانه

ساعت	کارهای روزانه	نتیجه	ساعت	کارهای روزانه	نتیجه	قدم‌های کوچکی که امروز برای رسیدن به اهداف بزرگم برمی‌دارم
در این قسمت کارهای روزانه خود را یادداشت کنید.						
						....

لذت‌های امروزم : ....

یادداشت‌های روزانه : ....

جمله تاکیدی امروز: ....

تاریخ: ... / ... / ...

برنامه‌ریزی روزانه

ساعت	کارهای روزانه	نتیجه	ساعت	کارهای روزانه	نتیجه	قدم‌های کوچکی که امروز برای رسیدن به اهداف بزرگم برمی‌دارم
در این قسمت کارهای روزانه خود را یادداشت کنید.						
						....

لذت‌های امروزم : ....

یادداشت‌های روزانه : ....

جمله تاکیدی امروز:..

تاریخ: ... / ... / ...

برنامه‌ریزی روزانه

ساعت	کارهای روزانه	نتیجه	ساعت	کارهای روزانه	نتیجه
در این قسمت کارهای روزانه خود را یادداشت کنید.					

قدم‌های کوچکی که امروز برای رسیدن به اهداف بزرگم برمی‌دارم ....

لذت‌های امروزم: ....

یادداشت‌های روزانه: ....

جمله تاکیدی امروز:..

تاریخ: ... / ... / ...

برنامه‌ریزی روزانه

ساعت	کارهای روزانه	نتیجه	ساعت	کارهای روزانه	نتیجه
در این قسمت کارهای روزانه خود را یادداشت کنید.					

قدم‌های کوچکی که امروز برای رسیدن به اهداف بزرگم برمی‌دارم ....

لذت‌های امروزم: ....

یادداشت‌های روزانه: ....

جمله تاکیدی امروز: ....

تاریخ: ... / ... / ...

برنامه‌ریزی روزانه

در این قسمت کارهای روزانه خود را یادداشت کنید.

ساعت	کارهای روزانه	نتیجه	ساعت	کارهای روزانه	نتیجه

قدم‌های کوچکی که امروز برای رسیدن به اهداف بزرگم برمی‌دارم
....

لذت‌های امروزم : ....

یادداشت‌های روزانه : ....

جمله تاکیدی امروز: ....

تاریخ: ... / ... / ...

برنامه‌ریزی روزانه

در این قسمت کارهای روزانه خود را یادداشت کنید.

ساعت	کارهای روزانه	نتیجه	ساعت	کارهای روزانه	نتیجه

قدم‌های کوچکی که امروز برای رسیدن به اهداف بزرگم برمی‌دارم
....

لذت‌های امروزم : ....

یادداشت‌های روزانه : ....

جمله تاکیدی امروز:..

تاریخ: ... / ... / ...

برنامه‌ریزی روزانه

قدم‌های کوچکی که امروز برای رسیدن به اهداف بزرگم برمی‌دارم

....

در این قسمت کارهای روزانه خود را یادداشت کنید.					
ساعت	کارهای روزانه	نتیجه	ساعت	کارهای روزانه	نتیجه

لذت‌های امروزم :..

یادداشت‌های روزانه :..

جمله تاکیدی امروز:..

تاریخ: ... / ... / ...

برنامه‌ریزی روزانه

قدم‌های کوچکی که امروز برای رسیدن به اهداف بزرگم برمی‌دارم

....

در این قسمت کارهای روزانه خود را یادداشت کنید.					
ساعت	کارهای روزانه	نتیجه	ساعت	کارهای روزانه	نتیجه

لذت‌های امروزم :..

یادداشت‌های روزانه :..

جملهٔ تاکیدی امروز: ....

تاریخ: ... / ... / ...

برنامه‌ریزی روزانه

در این قسمت کارهای روزانه خود را یادداشت کنید.					
ساعت	کارهای روزانه	نتیجه	ساعت	کارهای روزانه	نتیجه

قدم‌های کوچکی که امروز برای رسیدن به اهداف بزرگم برمی‌دارم ....

لذت‌های امروزم : ....

یادداشت‌های روزانه : ....

جملهٔ تاکیدی امروز: ....

تاریخ: ... / ... / ...

برنامه‌ریزی روزانه

در این قسمت کارهای روزانه خود را یادداشت کنید.					
ساعت	کارهای روزانه	نتیجه	ساعت	کارهای روزانه	نتیجه

قدم‌های کوچکی که امروز برای رسیدن به اهداف بزرگم برمی‌دارم ....

لذت‌های امروزم : ....

یادداشت‌های روزانه : ....

جمله تاکیدی امروز: ....

تاریخ: ... / ... / ...

برنامه‌ریزی روزانه

در این قسمت کارهای روزانه خود را یادداشت کنید.					
ساعت	کارهای روزانه	نتیجه	ساعت	کارهای روزانه	نتیجه

قدم‌های کوچکی که امروز برای رسیدن به اهداف بزرگم برمی‌دارم ....

لذت‌های امروزم : ....

یادداشت‌های روزانه : ....

جمله تاکیدی امروز: ....

تاریخ: ... / ... / ...

برنامه‌ریزی روزانه

در این قسمت کارهای روزانه خود را یادداشت کنید.					
ساعت	کارهای روزانه	نتیجه	ساعت	کارهای روزانه	نتیجه

قدم‌های کوچکی که امروز برای رسیدن به اهداف بزرگم برمی‌دارم ....

لذت‌های امروزم : ....

یادداشت‌های روزانه : ....

جمله تاکیدی امروز: ....

تاریخ: ... / ... / ...

برنامه‌ریزی روزانه

در این قسمت کارهای روزانه خود را یادداشت کنید.						قدم‌های کوچکی که امروز برای رسیدن به اهداف بزرگم برمی‌دارم
ساعت	کارهای روزانه	نتیجه	ساعت	کارهای روزانه	نتیجه	....

لذت‌های امروزم : ....

یادداشت‌های روزانه : ....

جمله تاکیدی امروز: ....

تاریخ: ... / ... / ...

برنامه‌ریزی روزانه

در این قسمت کارهای روزانه خود را یادداشت کنید.						قدم‌های کوچکی که امروز برای رسیدن به اهداف بزرگم برمی‌دارم
ساعت	کارهای روزانه	نتیجه	ساعت	کارهای روزانه	نتیجه	....

لذت‌های امروزم : ....

یادداشت‌های روزانه : ....

جمله تاکیدی امروز: ....

تاریخ: ... / ... / ...

برنامه‌ریزی روزانه

در این قسمت کارهای روزانه خود را یادداشت کنید.					
ساعت	کارهای روزانه	نتیجه	ساعت	کارهای روزانه	نتیجه

قدم‌های کوچکی که امروز برای رسیدن به اهداف بزرگم برمی‌دارم ....

لذت‌های امروزم : ....

یادداشت‌های روزانه : ....

جمله تاکیدی امروز: ....

تاریخ: ... / ... / ...

برنامه‌ریزی روزانه

در این قسمت کارهای روزانه خود را یادداشت کنید.					
ساعت	کارهای روزانه	نتیجه	ساعت	کارهای روزانه	نتیجه

قدم‌های کوچکی که امروز برای رسیدن به اهداف بزرگم برمی‌دارم ....

لذت‌های امروزم : ....

یادداشت‌های روزانه : ....

جمله تاکیدی امروز: ....

تاریخ: ... / ... / ...

برنامه‌ریزی روزانه

ساعت	کارهای روزانه	نتیجه	ساعت	کارهای روزانه	نتیجه

در این قسمت کارهای روزانه خود را یادداشت کنید.

قدم‌های کوچکی که امروز برای رسیدن به اهداف بزرگم برمی‌دارم ....

لذت‌های امروزم : ....

یادداشت‌های روزانه : ....

جمله تاکیدی امروز: ....

تاریخ: ... / ... / ...

برنامه‌ریزی روزانه

ساعت	کارهای روزانه	نتیجه	ساعت	کارهای روزانه	نتیجه

در این قسمت کارهای روزانه خود را یادداشت کنید.

قدم‌های کوچکی که امروز برای رسیدن به اهداف بزرگم برمی‌دارم ....

لذت‌های امروزم : ....

یادداشت‌های روزانه : ....

جمله تاکیدی امروز:..

تاریخ: ... / ... / ...

برنامه‌ریزی روزانه

قدم‌های کوچکی که امروز برای رسیدن به اهداف بزرگم برمی‌دارم	در این قسمت کارهای روزانه خود را یادداشت کنید.					
	ساعت	کارهای روزانه	نتیجه	ساعت	کارهای روزانه	نتیجه

لذت‌های امروزم :..

یادداشت‌های روزانه :..

جمله تاکیدی امروز:..

تاریخ: ... / ... / ...

برنامه‌ریزی روزانه

قدم‌های کوچکی که امروز برای رسیدن به اهداف بزرگم برمی‌دارم	در این قسمت کارهای روزانه خود را یادداشت کنید.					
	ساعت	کارهای روزانه	نتیجه	ساعت	کارهای روزانه	نتیجه

لذت‌های امروزم :..

یادداشت‌های روزانه :..

جمله تاکیدی امروز: ....

تاریخ: ... / ... / ...

برنامه‌ریزی روزانه

ساعت	کارهای روزانه	نتیجه	ساعت	کارهای روزانه	نتیجه
در این قسمت کارهای روزانه خود را یادداشت کنید.					

قدم‌های کوچکی که امروز برای رسیدن به اهداف بزرگم برمی‌دارم
....

لذت‌های امروزم: ....

یادداشت‌های روزانه: ....

جمله تاکیدی امروز: ....

تاریخ: ... / ... / ...

برنامه‌ریزی روزانه

ساعت	کارهای روزانه	نتیجه	ساعت	کارهای روزانه	نتیجه
در این قسمت کارهای روزانه خود را یادداشت کنید.					

قدم‌های کوچکی که امروز برای رسیدن به اهداف بزرگم برمی‌دارم
....

لذت‌های امروزم: ....

یادداشت‌های روزانه: ....

جمله تاکیدی امروز: ....

تاریخ: ... / ... / ...

برنامه‌ریزی روزانه

در این قسمت کارهای روزانه خود را یادداشت کنید.					
ساعت	کارهای روزانه	نتیجه	ساعت	کارهای روزانه	نتیجه

قدم‌های کوچکی که امروز برای رسیدن به اهداف بزرگم برمی‌دارم ....

لذت‌های امروزم : ....

یادداشت‌های روزانه : ....

جمله تاکیدی امروز: ....

تاریخ: ... / ... / ...

برنامه‌ریزی روزانه

در این قسمت کارهای روزانه خود را یادداشت کنید.					
ساعت	کارهای روزانه	نتیجه	ساعت	کارهای روزانه	نتیجه

قدم‌های کوچکی که امروز برای رسیدن به اهداف بزرگم برمی‌دارم ....

لذت‌های امروزم : ....

یادداشت‌های روزانه : ....

جمله تاکیدی امروز: ....

تاریخ: ... / ... / ...

برنامه‌ریزی روزانه

قدم‌های کوچکی که امروز برای رسیدن به اهداف بزرگم برمی‌دارم ....

در این قسمت کارهای روزانه خود را یادداشت کنید.					
ساعت	کارهای روزانه	نتیجه	ساعت	کارهای روزانه	نتیجه

لذت‌های امروزم : ....

یادداشت‌های روزانه : ....

جمله تاکیدی امروز: ....

تاریخ: ... / ... / ...

برنامه‌ریزی روزانه

قدم‌های کوچکی که امروز برای رسیدن به اهداف بزرگم برمی‌دارم ....

در این قسمت کارهای روزانه خود را یادداشت کنید.					
ساعت	کارهای روزانه	نتیجه	ساعت	کارهای روزانه	نتیجه

لذت‌های امروزم : ....

یادداشت‌های روزانه : ....

جمله تاکیدی امروز: ....

تاریخ: ... / ... / ...

برنامه‌ریزی روزانه

قدم‌های کوچکی که امروز برای رسیدن به اهداف بزرگم برمی‌دارم	در این قسمت کارهای روزانه خود را یادداشت کنید.					
....	نتیجه	کارهای روزانه	ساعت	نتیجه	کارهای روزانه	ساعت

لذت‌های امروزم : ....

یادداشت‌های روزانه : ....

جمله تاکیدی امروز: ....

تاریخ: ... / ... / ...

برنامه‌ریزی روزانه

قدم‌های کوچکی که امروز برای رسیدن به اهداف بزرگم برمی‌دارم	در این قسمت کارهای روزانه خود را یادداشت کنید.					
....	نتیجه	کارهای روزانه	ساعت	نتیجه	کارهای روزانه	ساعت

لذت‌های امروزم : ....

یادداشت‌های روزانه : ....

جمله تاکیدی امروز: ....

تاریخ: ... / ... / ...

برنامه‌ریزی روزانه

در این قسمت کارهای روزانه خود را یادداشت کنید.						قدم‌های کوچکی که امروز برای رسیدن به اهداف بزرگم برمی‌دارم
ساعت	کارهای روزانه	نتیجه	ساعت	کارهای روزانه	نتیجه	....

لذت‌های امروزم : ....

یادداشت‌های روزانه : ....

جمله تاکیدی امروز: ....

تاریخ: ... / ... / ...

برنامه‌ریزی روزانه

در این قسمت کارهای روزانه خود را یادداشت کنید.						قدم‌های کوچکی که امروز برای رسیدن به اهداف بزرگم برمی‌دارم
ساعت	کارهای روزانه	نتیجه	ساعت	کارهای روزانه	نتیجه	....

لذت‌های امروزم : ....

یادداشت‌های روزانه : ....

جمله تاکیدی امروز:..

تاریخ: ... / ... / ...

برنامه‌ریزی روزانه

قدم‌های کوچکی که امروز برای رسیدن به اهداف بزرگم برمی‌دارم ....

در این قسمت کارهای روزانه خود را یادداشت کنید.					
ساعت	کارهای روزانه	نتیجه	ساعت	کارهای روزانه	نتیجه

لذت‌های امروزم :..

یادداشت‌های روزانه : ....

جمله تاکیدی امروز:..

تاریخ: ... / ... / ...

برنامه‌ریزی روزانه

قدم‌های کوچکی که امروز برای رسیدن به اهداف بزرگم برمی‌دارم ....

در این قسمت کارهای روزانه خود را یادداشت کنید.					
ساعت	کارهای روزانه	نتیجه	ساعت	کارهای روزانه	نتیجه

لذت‌های امروزم :..

یادداشت‌های روزانه : ....

جمله تاکیدی امروز: ....

تاریخ: ... / ... / ...

برنامه‌ریزی روزانه

در این قسمت کارهای روزانه خود را یادداشت کنید.

ساعت	کارهای روزانه	نتیجه	ساعت	کارهای روزانه	نتیجه

قدم‌های کوچکی که امروز برای رسیدن به اهداف بزرگم برمی‌دارم ....

لذت‌های امروزم : ....

یادداشت‌های روزانه : ....

جمله تاکیدی امروز: ....

تاریخ: ... / ... / ...

برنامه‌ریزی روزانه

در این قسمت کارهای روزانه خود را یادداشت کنید.

ساعت	کارهای روزانه	نتیجه	ساعت	کارهای روزانه	نتیجه

قدم‌های کوچکی که امروز برای رسیدن به اهداف بزرگم برمی‌دارم ....

لذت‌های امروزم : ....

یادداشت‌های روزانه : ....

جمله تاکیدی امروز: ....

تاریخ: ... / ... / ...

برنامه‌ریزی روزانه

در این قسمت کارهای روزانه خود را یادداشت کنید.					
ساعت	کارهای روزانه	نتیجه	ساعت	کارهای روزانه	نتیجه

قدم‌های کوچکی که امروز برای رسیدن به اهداف بزرگم برمی‌دارم ....

لذت‌های امروزم : ....

یادداشت‌های روزانه : ....

جمله تاکیدی امروز: ....

تاریخ: ... / ... / ...

برنامه‌ریزی روزانه

در این قسمت کارهای روزانه خود را یادداشت کنید.					
ساعت	کارهای روزانه	نتیجه	ساعت	کارهای روزانه	نتیجه

قدم‌های کوچکی که امروز برای رسیدن به اهداف بزرگم برمی‌دارم ....

لذت‌های امروزم : ....

یادداشت‌های روزانه : ....

جمله تاکیدی امروز: ....

تاریخ: ... / ... / ...

برنامه‌ریزی روزانه

در این قسمت کارهای روزانه خود را یادداشت کنید.						قدم‌های کوچکی که امروز برای رسیدن به اهداف بزرگم برمی‌دارم
ساعت	کارهای روزانه	نتیجه	ساعت	کارهای روزانه	نتیجه	
						....

لذت‌های امروزم : ....

یادداشت‌های روزانه : ....

جمله تاکیدی امروز: ....

تاریخ: ... / ... / ...

برنامه‌ریزی روزانه

در این قسمت کارهای روزانه خود را یادداشت کنید.						قدم‌های کوچکی که امروز برای رسیدن به اهداف بزرگم برمی‌دارم
ساعت	کارهای روزانه	نتیجه	ساعت	کارهای روزانه	نتیجه	
						....

لذت‌های امروزم : ....

یادداشت‌های روزانه : ....

جمله تاکیدی امروز: ....

تاریخ: ... / ... / ...

برنامه‌ریزی روزانه

در این قسمت کارهای روزانه خود را یادداشت کنید.					
ساعت	کارهای روزانه	نتیجه	ساعت	کارهای روزانه	نتیجه

قدم‌های کوچکی که امروز برای رسیدن به اهداف بزرگم برمی‌دارم ....

لذت‌های امروزم : ....

یادداشت‌های روزانه : ....

جمله تاکیدی امروز: ....

تاریخ: ... / ... / ...

برنامه‌ریزی روزانه

در این قسمت کارهای روزانه خود را یادداشت کنید.					
ساعت	کارهای روزانه	نتیجه	ساعت	کارهای روزانه	نتیجه

قدم‌های کوچکی که امروز برای رسیدن به اهداف بزرگم برمی‌دارم ....

لذت‌های امروزم : ....

یادداشت‌های روزانه : ....

جمله تاکیدی امروز: ....

تاریخ: ... / ... / ...

برنامه‌ریزی روزانه

ساعت	کارهای روزانه	نتیجه	ساعت	کارهای روزانه	نتیجه
در این قسمت کارهای روزانه خود را یادداشت کنید.					

قدم‌های کوچکی که امروز برای رسیدن به اهداف بزرگم برمی‌دارم ....

لذت‌های امروزم : ....

یادداشت‌های روزانه : ....

جمله تاکیدی امروز: ....

تاریخ: ... / ... / ...

برنامه‌ریزی روزانه

ساعت	کارهای روزانه	نتیجه	ساعت	کارهای روزانه	نتیجه
در این قسمت کارهای روزانه خود را یادداشت کنید.					

قدم‌های کوچکی که امروز برای رسیدن به اهداف بزرگم برمی‌دارم ....

لذت‌های امروزم : ....

یادداشت‌های روزانه : ....

جمله تاکیدی امروز: ....

تاریخ: ... / ... / ...

برنامه‌ریزی روزانه

قدم‌های کوچکی که امروز برای رسیدن به اهداف بزرگم برمی‌دارم	در این قسمت کارهای روزانه خود را یادداشت کنید.					
	ساعت	کارهای روزانه	نتیجه	ساعت	کارهای روزانه	نتیجه
....						

لذت‌های امروزم : ....

یادداشت‌های روزانه : ....

جمله تاکیدی امروز: ....

تاریخ: ... / ... / ...

برنامه‌ریزی روزانه

قدم‌های کوچکی که امروز برای رسیدن به اهداف بزرگم برمی‌دارم	در این قسمت کارهای روزانه خود را یادداشت کنید.					
	ساعت	کارهای روزانه	نتیجه	ساعت	کارهای روزانه	نتیجه
....						

لذت‌های امروزم : ....

یادداشت‌های روزانه : ....

جمله تاکیدی امروز: ....

تاریخ: ... / ... / ...

برنامه‌ریزی روزانه

در این قسمت کارهای روزانه خود را یادداشت کنید.						قدم‌های کوچکی که امروز برای رسیدن به اهداف بزرگم برمی‌دارم
ساعت	کارهای روزانه	نتیجه	ساعت	کارهای روزانه	نتیجه	....

لذت‌های امروزم : ....

یادداشت‌های روزانه : ....

جمله تاکیدی امروز: ....

تاریخ: ... / ... / ...

برنامه‌ریزی روزانه

در این قسمت کارهای روزانه خود را یادداشت کنید.						قدم‌های کوچکی که امروز برای رسیدن به اهداف بزرگم برمی‌دارم
ساعت	کارهای روزانه	نتیجه	ساعت	کارهای روزانه	نتیجه	....

لذت‌های امروزم : ....

یادداشت‌های روزانه : ....

جمله تاکیدی امروز: ....

تاریخ: ... / ... / ...

برنامه‌ریزی روزانه

قدم‌های کوچکی که امروز برای رسیدن به اهداف بزرگم برمی‌دارم
....

ساعت	کارهای روزانه	نتیجه	ساعت	کارهای روزانه	نتیجه
در این قسمت کارهای روزانه خود را یادداشت کنید.					

لذت‌های امروزم : ....

یادداشت‌های روزانه : ....

جمله تاکیدی امروز: ....

تاریخ: ... / ... / ...

برنامه‌ریزی روزانه

قدم‌های کوچکی که امروز برای رسیدن به اهداف بزرگم برمی‌دارم
....

ساعت	کارهای روزانه	نتیجه	ساعت	کارهای روزانه	نتیجه
در این قسمت کارهای روزانه خود را یادداشت کنید.					

لذت‌های امروزم : ....

یادداشت‌های روزانه : ....

جمله تاکیدی امروز: ....

تاریخ: ... / ... / ...

برنامه‌ریزی روزانه

ساعت	کارهای روزانه	نتیجه	ساعت	کارهای روزانه	نتیجه

در این قسمت کارهای روزانه خود را یادداشت کنید.

قدم‌های کوچکی که امروز برای رسیدن به اهداف بزرگم برمی‌دارم ....

لذت‌های امروزم : ....

یادداشت‌های روزانه : ....

جمله تاکیدی امروز: ....

تاریخ: ... / ... / ...

برنامه‌ریزی روزانه

ساعت	کارهای روزانه	نتیجه	ساعت	کارهای روزانه	نتیجه

در این قسمت کارهای روزانه خود را یادداشت کنید.

قدم‌های کوچکی که امروز برای رسیدن به اهداف بزرگم برمی‌دارم ....

لذت‌های امروزم : ....

یادداشت‌های روزانه : ....

جمله تاکیدی امروز: ....

تاریخ: ... / ... / ...

برنامه‌ریزی روزانه

قدم‌های کوچکی که امروز برای رسیدن به اهداف بزرگم برمی‌دارم						
	در این قسمت کارهای روزانه خود را یادداشت کنید.					
	ساعت	کارهای روزانه	نتیجه	ساعت	کارهای روزانه	نتیجه

لذت‌های امروزم: ....

یادداشت‌های روزانه: ....

جمله تاکیدی امروز: ....

تاریخ: ... / ... / ...

برنامه‌ریزی روزانه

قدم‌های کوچکی که امروز برای رسیدن به اهداف بزرگم برمی‌دارم						
	در این قسمت کارهای روزانه خود را یادداشت کنید.					
	ساعت	کارهای روزانه	نتیجه	ساعت	کارهای روزانه	نتیجه

لذت‌های امروزم: ....

یادداشت‌های روزانه: ....

جمله تاکیدی امروز: ....

تاریخ: ... / ... / ...

برنامه‌ریزی روزانه

ساعت	کارهای روزانه	نتیجه	ساعت	کارهای روزانه	نتیجه	قدم‌های کوچکی که امروز برای رسیدن به اهداف بزرگم برمی‌دارم
در این قسمت کارهای روزانه خود را یادداشت کنید.						....

لذت‌های امروزم : ....

یادداشت‌های روزانه : ....

جمله تاکیدی امروز: ....

تاریخ: ... / ... / ...

برنامه‌ریزی روزانه

ساعت	کارهای روزانه	نتیجه	ساعت	کارهای روزانه	نتیجه	قدم‌های کوچکی که امروز برای رسیدن به اهداف بزرگم برمی‌دارم
در این قسمت کارهای روزانه خود را یادداشت کنید.						....

لذت‌های امروزم : ....

یادداشت‌های روزانه : ....

جمله تاکیدی امروز: ....

تاریخ: ... / ... / ...

برنامه‌ریزی روزانه

ساعت	کارهای روزانه	نتیجه	ساعت	کارهای روزانه	نتیجه
در این قسمت کارهای روزانه خود را یادداشت کنید.					

قدم‌های کوچکی که امروز برای رسیدن به اهداف بزرگم برمی‌دارم ....

لذت‌های امروزم : ....

یادداشت‌های روزانه : ....

جمله تاکیدی امروز: ....

تاریخ: ... / ... / ...

برنامه‌ریزی روزانه

ساعت	کارهای روزانه	نتیجه	ساعت	کارهای روزانه	نتیجه
در این قسمت کارهای روزانه خود را یادداشت کنید.					

قدم‌های کوچکی که امروز برای رسیدن به اهداف بزرگم برمی‌دارم ....

لذت‌های امروزم : ....

یادداشت‌های روزانه : ....

جمله تاکیدی امروز: ....

تاریخ: ... / ... / ...

برنامه‌ریزی روزانه

قدم‌های کوچکی که امروز برای رسیدن به اهداف بزرگم برمی‌دارم	در این قسمت کارهای روزانه خود را یادداشت کنید.					
	نتیجه	کارهای روزانه	ساعت	نتیجه	کارهای روزانه	ساعت

لذت‌های امروزم : ....

یادداشت‌های روزانه : ....

جمله تاکیدی امروز: ....

تاریخ: ... / ... / ...

برنامه‌ریزی روزانه

قدم‌های کوچکی که امروز برای رسیدن به اهداف بزرگم برمی‌دارم	در این قسمت کارهای روزانه خود را یادداشت کنید.					
	نتیجه	کارهای روزانه	ساعت	نتیجه	کارهای روزانه	ساعت

لذت‌های امروزم : ....

یادداشت‌های روزانه : ....

جمله تاکیدی امروز: ....

تاریخ: ... / ... / ...

برنامه‌ریزی روزانه

ساعت	کارهای روزانه	نتیجه	ساعت	کارهای روزانه	نتیجه	قدم‌های کوچکی که امروز برای رسیدن به اهداف بزرگم برمی‌دارم
در این قسمت کارهای روزانه خود را یادداشت کنید.						
						....

لذت‌های امروزم : ....

یادداشت‌های روزانه : ....

جمله تاکیدی امروز: ....

تاریخ: ... / ... / ...

برنامه‌ریزی روزانه

ساعت	کارهای روزانه	نتیجه	ساعت	کارهای روزانه	نتیجه	قدم‌های کوچکی که امروز برای رسیدن به اهداف بزرگم برمی‌دارم
در این قسمت کارهای روزانه خود را یادداشت کنید.						
						....

لذت‌های امروزم : ....

یادداشت‌های روزانه : ....

جمله تاکیدی امروز: ....

تاریخ: ... / ... / ...

برنامه‌ریزی روزانه

در این قسمت کارهای روزانه خود را یادداشت کنید.					
ساعت	کارهای روزانه	نتیجه	ساعت	کارهای روزانه	نتیجه

قدم‌های کوچکی که امروز برای رسیدن به اهداف بزرگم برمی‌دارم

....

لذت‌های امروزم : ....

یادداشت‌های روزانه : ....

جمله تاکیدی امروز: ....

تاریخ: ... / ... / ...

برنامه‌ریزی روزانه

در این قسمت کارهای روزانه خود را یادداشت کنید.					
ساعت	کارهای روزانه	نتیجه	ساعت	کارهای روزانه	نتیجه

قدم‌های کوچکی که امروز برای رسیدن به اهداف بزرگم برمی‌دارم

....

لذت‌های امروزم : ....

یادداشت‌های روزانه : ....

جمله تاکیدی امروز: ....

تاریخ: ... / ... / ...

برنامه‌ریزی روزانه

ساعت	کارهای روزانه	نتیجه	ساعت	کارهای روزانه	نتیجه
در این قسمت کارهای روزانه خود را یادداشت کنید.					

قدم‌های کوچکی که امروز برای رسیدن به اهداف بزرگم برمی‌دارم ....

لذت‌های امروزم : ....

یادداشت‌های روزانه : ....

جمله تاکیدی امروز: ....

تاریخ: ... / ... / ...

برنامه‌ریزی روزانه

ساعت	کارهای روزانه	نتیجه	ساعت	کارهای روزانه	نتیجه
در این قسمت کارهای روزانه خود را یادداشت کنید.					

قدم‌های کوچکی که امروز برای رسیدن به اهداف بزرگم برمی‌دارم ....

لذت‌های امروزم : ....

یادداشت‌های روزانه : ....

جمله تاکیدی امروز: ....

تاریخ: ... / ... / ...

برنامه‌ریزی روزانه

قدم‌های کوچکی که امروز برای رسیدن به اهداف بزرگم برمی‌دارم	در این قسمت کارهای روزانه خود را یادداشت کنید.					
	ساعت	کارهای روزانه	نتیجه	ساعت	کارهای روزانه	نتیجه
....						

لذت‌های امروزم : ....

یادداشت‌های روزانه : ....

جمله تاکیدی امروز: ....

تاریخ: ... / ... / ...

برنامه‌ریزی روزانه

قدم‌های کوچکی که امروز برای رسیدن به اهداف بزرگم برمی‌دارم	در این قسمت کارهای روزانه خود را یادداشت کنید.					
	ساعت	کارهای روزانه	نتیجه	ساعت	کارهای روزانه	نتیجه
....						

لذت‌های امروزم : ....

یادداشت‌های روزانه : ....

جمله تاکیدی امروز: ....

تاریخ: ... / ... / ...

برنامه‌ریزی روزانه

در این قسمت کارهای روزانه خود را یادداشت کنید.					
ساعت	کارهای روزانه	نتیجه	ساعت	کارهای روزانه	نتیجه

قدم‌های کوچکی که امروز برای رسیدن به اهداف بزرگم برمی‌دارم ....

لذت‌های امروزم : ....

یادداشت‌های روزانه : ....

جمله تاکیدی امروز: ....

تاریخ: ... / ... / ...

برنامه‌ریزی روزانه

در این قسمت کارهای روزانه خود را یادداشت کنید.					
ساعت	کارهای روزانه	نتیجه	ساعت	کارهای روزانه	نتیجه

قدم‌های کوچکی که امروز برای رسیدن به اهداف بزرگم برمی‌دارم ....

لذت‌های امروزم : ....

یادداشت‌های روزانه : ....

جمله تاکیدی امروز: ....

تاریخ: ... / ... / ...

برنامه‌ریزی روزانه

در این قسمت کارهای روزانه خود را یادداشت کنید.					
ساعت	کارهای روزانه	نتیجه	ساعت	کارهای روزانه	نتیجه

قدم‌های کوچکی که امروز برای رسیدن به اهداف بزرگم برمی‌دارم
....

لذت‌های امروزم : ....

یادداشت‌های روزانه : ....

جمله تاکیدی امروز: ....

تاریخ: ... / ... / ...

برنامه‌ریزی روزانه

در این قسمت کارهای روزانه خود را یادداشت کنید.					
ساعت	کارهای روزانه	نتیجه	ساعت	کارهای روزانه	نتیجه

قدم‌های کوچکی که امروز برای رسیدن به اهداف بزرگم برمی‌دارم
....

لذت‌های امروزم : ....

یادداشت‌های روزانه : ....

جمله تاکیدی امروز: ....

تاریخ: ... / ... / ...

برنامه‌ریزی روزانه

ساعت	کارهای روزانه	نتیجه	ساعت	کارهای روزانه	نتیجه	قدم‌های کوچکی که امروز برای رسیدن به اهداف بزرگم برمی‌دارم
در این قسمت کارهای روزانه خود را یادداشت کنید.						....

لذت‌های امروزم : ....

یادداشت‌های روزانه : ....

جمله تاکیدی امروز: ....

تاریخ: ... / ... / ...

برنامه‌ریزی روزانه

ساعت	کارهای روزانه	نتیجه	ساعت	کارهای روزانه	نتیجه	قدم‌های کوچکی که امروز برای رسیدن به اهداف بزرگم برمی‌دارم
در این قسمت کارهای روزانه خود را یادداشت کنید.						....

لذت‌های امروزم : ....

یادداشت‌های روزانه : ....

جمله تاکیدی امروز: ....

تاریخ: ... / ... / ...

برنامه‌ریزی روزانه

در این قسمت کارهای روزانه خود را یادداشت کنید.						
ساعت	کارهای روزانه	نتیجه	ساعت	کارهای روزانه	نتیجه	قدم‌های کوچکی که امروز برای رسیدن به اهداف بزرگم برمی‌دارم
						....

لذت‌های امروزم: ....

یادداشت‌های روزانه: ....

جمله تاکیدی امروز: ....

تاریخ: ... / ... / ...

برنامه‌ریزی روزانه

در این قسمت کارهای روزانه خود را یادداشت کنید.						
ساعت	کارهای روزانه	نتیجه	ساعت	کارهای روزانه	نتیجه	قدم‌های کوچکی که امروز برای رسیدن به اهداف بزرگم برمی‌دارم
						....

لذت‌های امروزم: ....

یادداشت‌های روزانه: ....

جمله تاکیدی امروز: ....

تاریخ: ... / ... / ...

برنامه‌ریزی روزانه

در این قسمت کارهای روزانه خود را یادداشت کنید.					
ساعت	کارهای روزانه	نتیجه	ساعت	کارهای روزانه	نتیجه

قدم‌های کوچکی که امروز برای رسیدن به اهداف بزرگ برمی‌دارم

....

لذت‌های امروزم : ....

یادداشت‌های روزانه : ....

جمله تاکیدی امروز: ....

تاریخ: ... / ... / ...

برنامه‌ریزی روزانه

در این قسمت کارهای روزانه خود را یادداشت کنید.					
ساعت	کارهای روزانه	نتیجه	ساعت	کارهای روزانه	نتیجه

قدم‌های کوچکی که امروز برای رسیدن به اهداف بزرگ برمی‌دارم

....

لذت‌های امروزم : ....

یادداشت‌های روزانه : ....

جمله تاکیدی امروز: ....

تاریخ: ... / ... / ...

برنامه‌ریزی روزانه

قدم‌های کوچکی که امروز برای رسیدن به اهداف بزرگم برمی‌دارم	در این قسمت کارهای روزانه خود را یادداشت کنید.					
	ساعت	کارهای روزانه	نتیجه	ساعت	کارهای روزانه	نتیجه

لذت‌های امروزم : ....

یادداشت‌های روزانه : ....

جمله تاکیدی امروز: ....

تاریخ: ... / ... / ...

برنامه‌ریزی روزانه

قدم‌های کوچکی که امروز برای رسیدن به اهداف بزرگم برمی‌دارم	در این قسمت کارهای روزانه خود را یادداشت کنید.					
	ساعت	کارهای روزانه	نتیجه	ساعت	کارهای روزانه	نتیجه

لذت‌های امروزم : ....

یادداشت‌های روزانه : ....

جمله تاکیدی امروز: ....

تاریخ: ... / ... / ...

برنامه‌ریزی روزانه

در این قسمت کارهای روزانه خود را یادداشت کنید.						قدم‌های کوچکی که امروز برای رسیدن به اهداف بزرگم برمی‌دارم
ساعت	کارهای روزانه	نتیجه	ساعت	کارهای روزانه	نتیجه	....

لذت‌های امروزم : ....

یادداشت‌های روزانه : ....

جمله تاکیدی امروز: ....

تاریخ: ... / ... / ...

برنامه‌ریزی روزانه

در این قسمت کارهای روزانه خود را یادداشت کنید.						قدم‌های کوچکی که امروز برای رسیدن به اهداف بزرگم برمی‌دارم
ساعت	کارهای روزانه	نتیجه	ساعت	کارهای روزانه	نتیجه	....

لذت‌های امروزم : ....

یادداشت‌های روزانه : ....

جمله تاکیدی امروز: ....

تاریخ: ... / ... / ...

برنامه‌ریزی روزانه

در این قسمت کارهای روزانه خود را یادداشت کنید.

ساعت	کارهای روزانه	نتیجه	ساعت	کارهای روزانه	نتیجه

قدم‌های کوچکی که امروز برای رسیدن به اهداف بزرگم برمی‌دارم
....

لذت‌های امروزم : ....

یادداشت‌های روزانه : ....

جمله تاکیدی امروز: ....

تاریخ: ... / ... / ...

برنامه‌ریزی روزانه

در این قسمت کارهای روزانه خود را یادداشت کنید.

ساعت	کارهای روزانه	نتیجه	ساعت	کارهای روزانه	نتیجه

قدم‌های کوچکی که امروز برای رسیدن به اهداف بزرگم برمی‌دارم
....

لذت‌های امروزم : ....

یادداشت‌های روزانه : ....

جمله تاکیدی امروز: ....

تاریخ: ... / ... / ...

برنامه‌ریزی روزانه

قدم‌های کوچکی که امروز برای رسیدن به اهداف بزرگم برمی‌دارم ....

ساعت	کارهای روزانه	نتیجه	ساعت	کارهای روزانه	نتیجه
در این قسمت کارهای روزانه خود را یادداشت کنید.					

لذت‌های امروزم : ....

یادداشت‌های روزانه : ....

جمله تاکیدی امروز: ....

تاریخ: ... / ... / ...

برنامه‌ریزی روزانه

قدم‌های کوچکی که امروز برای رسیدن به اهداف بزرگم برمی‌دارم ....

ساعت	کارهای روزانه	نتیجه	ساعت	کارهای روزانه	نتیجه
در این قسمت کارهای روزانه خود را یادداشت کنید.					

لذت‌های امروزم : ....

یادداشت‌های روزانه : ....

جمله تاکیدی امروز: ....

تاریخ: ... / ... / ...

برنامه‌ریزی روزانه

قدم‌های کوچکی که امروز برای رسیدن به اهداف بزرگم برمی‌دارم	در این قسمت کارهای روزانه خود را یادداشت کنید.					
	ساعت	کارهای روزانه	نتیجه	ساعت	کارهای روزانه	نتیجه
....						

لذت‌های امروزم : ....

یادداشت‌های روزانه : ....

جمله تاکیدی امروز: ....

تاریخ: ... / ... / ...

برنامه‌ریزی روزانه

قدم‌های کوچکی که امروز برای رسیدن به اهداف بزرگم برمی‌دارم	در این قسمت کارهای روزانه خود را یادداشت کنید.					
	ساعت	کارهای روزانه	نتیجه	ساعت	کارهای روزانه	نتیجه
....						

لذت‌های امروزم : ....

یادداشت‌های روزانه : ....

آثار استاد فرشید پاکذات ارایه شده در انتشارات کیدزوکادو

برای تهیه کتاب ها از آمازون یا وبسایت انتشارات می توانید بارکدهای زیر را اسکن کنید

Amazon.com

kphclub.com

Kidsocado Publishing House
خانه انتشارات کیدزوکادو
ونکوور، کانادا

تلفن : +۱ (۸۳۳) ۶۳۳ ۸۶۵۴
واتس آپ: + ۱ (۲۳۶) ۳۳۳ ۷۲۴۸
ایمیل:info@kidsocado.com
وبسایت انتشارات: https://kidsocadopublishinghouse.com
وبسایت فروشگاه: https://kphclub.com